Van dezelfde auteur:

Castra Aeterna

Godenjacht

Achter het pantser

Tooghanger

ALIBI KONING

Door Cornelis Brouwer

Colofon

Copyright 2016: CornelisBrouwer
ISBN-13: **978-1539501930**
ISBN-10: **1539501930**

Dit boek is opgedragen aan alle Nederlanders die ooit geloofden dat het Nederlandse Koningshuis garant zou staan voor Recht, Rechtvaardigheid en soevereiniteit van Nederland.

INHOUDSOPGAVE

VOORWOORD

Onderstaande columns werden door mij in 2013 onder het pseudoniem De Kalkpot, verwijzend naar mijn diensttijd bij het Wapen der Koninklijke Marechaussee, geschreven voor de helaas verdwenen website www.nederlandontevreden.nl. Het waren o.a. deze columns die mij, tijdens het schrijven tot de overtuiging brachten dat de Nederlandse bevolking geen staatshoofd heeft. Althans geen staatshoofd dat de geringste invloed kan of wil uitoefenen op het welzijn, of het gebrek er aan, van die bevolking. Het resultaat is thans, drie jaar na zijn beëdiging als staatshoofd, dat het begrip democratie in Nederland tot de verleden tijd behoort. Nederland is verworden tot een land met een regering en volksvertegenwoordiging die zich kenmerkt door totaal eigenbelang en willekeur bij het handhaven van de wetgeving en het uitleveren van de oorspronkelijke Nederlandse bevolking aan buitenlandse politici in het Brussel van de EU, die in het geheel geen voeling hebben met die bevolking. Het deel van de zowel door Koningin Beatrix als hem afgelegde ambtseed, dat erin voorziet dat de Koning enig gezag zou kunnen uitoefenen op het handhaven van de soevereiniteit van het Nederlandse volk, is nooit nageleefd en zowel Koningin Beatrix als de huidige Koning pleegden, en voor wat hem betreft pleegt, permanent meineed.

Met zijn voortdurende beroep op het feit dat alles, wat de regeringen van welke samenstelling dan ook nu en in het verleden deden en doen, ministeriele verantwoordelijkheid is, geeft de Koning een afwijzing om wat voor verantwoordelijkheid voor zijn volk te willen dragen weer die kinderlijk pijnlijk is. Het Koningshuis heeft niets meer te bieden op het gebied van handhaving van Recht, Rechtvaardigheid, Rechtszekerheid, Veiligheid, onafhankelijkheid van de Staat der Nederlanden en, voor alles, handhaving van democratische beginselen.

Voor de gematigde toon die door mij in de columns werd gehanteerd, bestaat thans geen enkele reden meer.

DE KONING

Op 30 april 2013 werd de bevolking van Nederland, althans ongeveer 75 procent, verblijdt met het aantreden van een Koning. Gezien de overweldigende feestvreugde die dit aantreden met zich meebracht, leeft het Huis van Oranje diep in de harten van de bevolking. En die bevolking mag ook best een beetje trots zijn op het soort Koningshuis dat ze hebben. Ze hebben thans een Koning die niet alleen af en toe een militair uniform draagt omdat het zo leuk staat, maar hij heeft ook nog bij alle krijgsmachtdelen functies vervuld die hem het morele recht geven om aldus een uniform te dragen. Dat maakt hem in vele opzichten al uniek in het zeer beperkte wereldje van gekroonde hoofden. Dat wil niet zeggen dat nu van hem verwacht kan worden dat hij Zijn Koninklijke Landmacht, Zijn Koninklijke Luchtmacht, Zijn Koninklijke Marine en Koninklijke Marechaussee nu te wapen roept om een aantal wantoestanden in Nederland uit de wereld te helpen. Maar gezien de door hem afgelegde eed, quote: "Ik zweer aan de volkeren van het Koninkrijk dat Ik het Statuut voor het Koninkrijk en de Grondwet steeds zal onderhouden en handhaven. Ik zweer dat Ik de onafhankelijkheid en het grondgebied van het Koninkrijk met al Mijn vermogen zal verdedigen en bewaren; dat Ik de vrijheid en de rechten van alle Nederlanders en alle ingezetenen zal beschermen, en tot instandhouding en bevordering van de welvaart alle middelen zal aanwenden welke de wetten Mij ter beschikking stellen, zoals een goed en getrouw Koning schuldig is te doen. Zo waarlijk helpe Mij God almachtig!" unquote, zouden vele Nederlanders wensen dat hij dit wel deed. De vraag rijst echter of hij wel weet wat er allemaal in Nederland leeft. Leest hij kranten, dan zal hij ongetwijfeld zijn wenkbrauwen fronsen bij het lezen van de vele ongezouten commentaren op artikelen over de huidige regering. Maar ongetwijfeld heeft het Kabinet der Koning de dagelijkse taak om relevante informatie uit de samenleving te verzamelen, er een verslag over te schrijven en hem dit ter inzage voor te leggen. En even ongetwijfeld zal daar niets in staan dat de Koning kan verontrusten. Alles is immers in orde in Nederland?

De Koning heeft het image van feestvierder, sportevenementenbezoeker en toiletpottengooier af moeten leggen. Een zware toekomst wacht hem. Hij zal inhoud moeten geven aan zijn eed, aan de wens van de bevolking om te leven in een veilig land, een land dat zekerheden en bestaansmogelijkheden biedt en inhoud moeten geven aan het begrip rechtszekerheid dat nu al decennia door de opeenvolgende regeringen wordt geschonden. Moet hij dat? Ja, want als hij dat niet doet, dan is zijn eed evenveel waard als een muntstuk van HFl 2,76. Kan hij dat? Ja. Maar dan zal hij eerst af moeten rekenen met een in zijn land gegroeide politieke cultuur die de opeenvolgende Oranjes aan het roer van het Schip van Staat vrijwel alle macht heeft ontnomen. Wil hij dat? Kennelijk niet.

Bij alle, in de columns behandelde onderwerpen zou er voor een van zijn morele verantwoording bewust staatshoofd reden zijn geweest om die verantwoording te doen gelden. Het staatshoofd beëdigt de regering. Hij kan ze dus ook van die eed ontslaan. Dat dit niet gebeurd is, duidt erop dat hij zelfs die verantwoording afschuift op de leden van de 2e Kamer. Een minimalistischer staatshoofd is nauwelijks denkbaar.

Na de in de columns behandelde onderwerpen zien we procedures die Recht en Rechtszekerheid tot in het belachelijke gedecimeerd hebben maar in Nederland, en dank zij de Koning en zijn voorgangster, volledig aanvaardbaar zijn voor de gekozen politici. Zowel die van het verleden als hen die thans aanwezig zijn.

KENNISVERGARING

Het zal de Koning ongetwijfeld bekend zijn dat de doorsnee van de Nederlandse bevolking zijn kennis over het reilen en zeilen uitsluitend opdoet door het lezen van dag- en weekbladen en het volgen van nieuwsberichten op radio en televisie. De meer betrokken lezer van nieuws in de kranten zal zich dan, zeker waar het in zijn of haar ogen wantoestanden betreft, op het toetsenbord van de computer storten en met bloeddoorlopen ogen en het schuim op de lippen een mening ten beste geven die met de regelmaat van de klok niet wordt vrijgegeven voor publicatie. Het is dus niet verwonderlijk dat het WEB vol staat met websites die zich keren tegen het Koningshuis, het huidige ondemocratische democratische bestel of beide. Ook mag men zich afvragen of het de Koning bekend is wat er allemaal gaande is in zijn land. Ik waag het dat te betwijfelen. De Koning houdt er een Koninklijk Kabinet op na dat hem ongetwijfeld alleen gewenste, en dus positieve, informatie verstrekt. Zou hem inderdaad onder de aandacht worden gebracht dat gangsters van buitenlandse herkomst en al dan niet met de Nederlandse nationaliteit elkaar op straat overhoop schieten, straatroof kennelijk een weliswaar afkeurenswaardige maar veel voorkomende activiteit is, misdrijven zoals omkoping van Saoedi-Arabische prinsen door Ballast Nedam worden geseponeerd omdat die prinsen zich geïrriteerd voelen en de Nederlandse soevereiniteit door een stel politici wordt verkwanseld, dan zou hij moeten optreden. Als was het alleen maar door ze van hun eed te ontslaan en te doen vervolgen. Als het de media haalt en dus wijd en zijd bekend is, mag worden verondersteld dat de Koning optreedt. Helaas betrekt de Koning zijn informatie dus uit andere bronnen dan het geheel van de Nederlandse bevolking. Waar die laatste zich permanent ergert aan die berichten, is de Koning kennelijk tevreden met de informatie die hij krijgt. Voeling met de bevolking is echt iets anders.

We mogen ons dus afvragen of het Zijne Majesteit bekend is dat. . .

DEMOCRATIE

. . .het begrip democratie in Nederland al sinds vele jaren aan het afbrokkelen is?

Het begrip 'politicus', ooit een man of vrouw die, door idealen gedreven, zijn of haar kennis, inzet en inzicht gebruikte om van Nederland een welvarend land met een welvarende bevolking te maken dat de hoogste ethische waarden nastreefde en een rechtsstaat wenste waarin inderdaad inhoud werd gegeven aan het begrip 'Recht'. Dat thans nogal ouderwetse streven bestaat thans niet meer. De ouderwetse betekenis van het woord politicus evenmin. En daarmee kondigt zich het einde van de Nederlandse democratie aan. Politici zijn thans lieden die het woord democratie slechts eenmaal in de vier jaar hanteren. Dat is wanneer er verkiezingen gehouden worden waarbij ze alles in het werk moeten, en zullen, stellen om (her)verkozen te worden. Hun nogal ruime verdiensten staan immers op het spel. Dus, eens in de vier jaar wordt het Nederlandse straatbeeld ontsierd door allerhande lieden die een gooi doen naar de veel te hoge parlementaire wedde en vergoedingen. Met een verve die een betere zaak waardig zou zijn, worden er niet in te willigen verkiezingsbeloften gedaan. Kwijlend, glibberend en uitglijdend over hun eigen lichaamssecreties haasten politici van allerlei politieke richtingen van verkiezingsbijeenkomsten naar partijvergadering en zelfs huis aan huis bezoeken om toch maar zoveel mogelijk stemmen binnen te halen. En op elke kritische vraag wordt het voor de vragensteller bevredigende antwoord geproduceerd. Tot op de dag van de feitelijke verkiezingen. Aan elke burger is dan geappelleerd aan zijn morele plicht om deel te nemen aan het democratische proces en dus te gaan stemmen en aldus inhoud en steun te geven aan onze Constitutionele Monarchie met het parlementaire stelsel. De brave burger, totaal verblind door de beloften dat hij na de verkiezingen stinkend rijk zal worden, nooit meer hoeft te werken, zijn of haar kinderen bij de crèche kan afleveren voor het ontvangen van een opvoeding als eenheidsworst, stapt het stemlokaal binnen en kruist het hokje van de meestbelover aan. Zodra de stemlokalen gesloten zijn houdt de democratie in Nederland op te bestaan. Vanaf dat moment zijn politici en politieke partijen niet meer te benaderen en ze op hun verkiezingsbeloften en afgelegde eed aanspreken of schijven is onmogelijk. Op de kantoren van de partijbureaus worden de computers weer voorzien van het bekende programmaatje dat alle binnenkomende e-mails van onbekenden automatisch op 'blocked senders' lijst doet belanden en in het gunstigste geval worden e-mails beantwoord met een e-mail waarop niet geantwoord kan worden en waarvan het adres begint met: noreply@ en de tekst luidt: Uw vraag heeft onze aandacht en zal met alle zorg worden behandeld.

Is dit goed voor de Nederlandse democratie? Is dit goed voor het Nederlandse volk?

Zijne Majesteit zal hier ongetwijfeld aan denken als hij terug denkt aan die gedenkwaardige 30 april 2013 en de door hem afgelegde eed.

De Kalkpot

NUTSBEDRIJVEN

. . .er in het niet al te verre verleden nutsbedrijven bestonden die, zonder winstoogmerk, voorzagen in de vele noodzakelijke voorzieningen voor maatschappij en bevolking. Dat waren o.a. de lokale of gemeentelijke energiebedrijven, de watermaatschappijen, de PTT en de Gemeentelijke Geneeskundige Gezondheidsdiensten. De directeuren ervan waren ambtenaren die, in verband met hun grote verantwoordelijkheid, hoge salarissen kregen. Dat waren echter niet meer dan wat het ook zijn moesten, n.l. salarissen. Het woord bonus kende de ambtenarij niet. Deze mensen leverden plichtgetrouw voortreffelijk werk. Evenals hun ambtelijke ondergeschikten. De nutsbedrijven functioneerden en aldus werd de post bezorgd voor een prijs die niet voorzag in een bonus voor de directeur van de PTT, het stadsgas uit de gaskraan stroomde voor een prijs die geen dividend opleverde voor enige, kwijlend de beursnotities volgende, aandeelhouder, het kraanwater in Nederland geen onderwerp was van privatiseringsvoornemens en de huisarts een geleerde was aan wiens diagnose nooit werd getwijfeld en die, zonder rekening te moeten houden met begrip sjoemelende 'zorgverzekeraar', zijn patiënten daarheen verwees waar hen de juiste specialistische behandeling werd gegeven zonder dat de ongelukkige patiënt rekening moest houden met een voor hem of haar onmogelijk te betalen eigen bijdrage.
Nee, ik kan me niet voorstellen dat wijlen H.M. Koningin Wilhelmina gasmuntjes in de gasmeter zou gooien om haar personeel in de z.g. Tijd van Wederopbouw in de gelegenheid te stellen het diner te bereiden. Zelfs Hare Majesteits personeel zal dit niet gedaan hebben. Maar globaal 4 miljoen huisvrouwen deden dit gewoontegetrouw en noodzakelijkerwijs wel.

Nee, ik kan me niet voorstellen dat een lid van het Koninklijk Huis zich ooit financieel het hoofd brak indien medische hulp voor hen noodzakelijk was. En geen enkele Nederlander deed dit. Maar velen in Nederland, met uitzondering van de politieke kliek ongeacht de partij, doen dit NU wel.

Nee, ik kan me niet voorstellen dat Zijne majesteit, ondanks zijn uitgebreide kennis van waterhuishouding, zich ooit zorgen zal maken over de vraag of Huis Ten Bosch de waterrekening nog wel kan betalen. Maar met de plannen van de EU om water als handelsproduct te kenmerken en de distributie ervan te privatiseren, zullen miljoenen Nederlanders dit mogelijk over enige tijd wel doen.

Luitenant-generaal Tjassens zei bij zijn afscheid in 1990:"Laten we verbeteren wat verbeterd kan worden en veranderingen terugdraaien die niet goed bleken te zijn." Hij bedoelde indertijd Hare Majesteits Strijdkrachten. Hetzelfde kan echter gelden voor alle veranderingen die, dank zij de dwang van de EU, in Nederland tot stand gekomen zijn. Want die veranderingen waren niet goed voor de Nederlandse maatschappij en de Nederlandse bevolking en bedreigen thans hun sterk krimpende welvaart.

Zijne Majesteit zal hier ongetwijfeld aan denken als hij terugdenkt aan die gedenkwaardige 30 april 2013 en de door hem afgelegde eed.

De Kalkpot

DR. JOSEPH GOEBBELS

. . .de Europese Unie voornemens is om 3 miljoen Euro te besteden aan het opsporen en monitoren van fora en debatten op het Internet die een anti Europees karakter hebben. Dit in verband met de Europese verkiezingen in 2014. Oorzaak voor dit initiatief is de vrees dat de Europese bevolking vijandiger wordt ten aanzien van de EU.

De nieuwe strategie van de EU omvat het monitoren van de publieke opinie om vroegtijdig vast te kunnen stellen of debatten met een politiek karakter onder volgers van de sociale media de potentie hebben om de aandacht van de media en de interesse van de burgers te trekken. Speciale aandacht moet worden geschonken aan de landen die al enige ervaring hebben opgedaan met het toenemen van anti-Europese gevoelens onder hun bevolking. Parlementaire institutionele communicators, Troll Monitors genoemd, hebben de taak om publieke conversaties te volgen teneinde de trends in de conversaties te volgen, erop te reageren op een doelgerichte en relevante wijze door zich in de discussie te mengen en die uiteindelijk te sturen in de door de EU gewenste richting.

De uiteindelijke bedoeling van dit schandelijke stuk duurbetaalde manipulatie door EU-ambtenaren in Brussel is, te bewijzen dat de problemen binnen de Unie niet veroorzaakt worden door teveel invloed van de EU maar juist door te weinig. Het mag bijzonder immoreel worden genoemd dat EU-ambtenaren zich tijdens kantooruren bezig houden met manipulatieve activiteiten via Twitter, negatieve reacties van lezers van krantenberichtgeving over de EU en op politieke fora.

In de geschiedenis van Europa zijn een paar interessante regeringsvormen bekend die door de staat betaalde opiniemanipulatie bedreven. Dat zijn het voor Europa wat minder heilzame Derde Rijk van voormalig Obergefreite/Meldegänger/schilder A. Hitler en de door alles wat links is zo gezegende Unie van Socialistische Sovjet Republieken, waar wijlen Dhr. Den Uyl, voormalig premier van Nederland voor de Partij van de Arbeid, zo graag op 1 mei op bezoek ging om er met de rode kameraden op de Rode Plein de Internationale mee te brallen. Bij dit onsmakelijke streven naar opiniemanipulatie van de bevolking der EU ontbreekt het er nog maar aan dat iemand Dhr. Herman van Rompuy, in eigen land ook wel Herman de Verschrikkelijke of Haiku Herman genoemd, adviseert om Dhr. J. Goebbels te klonen en de taak als Oppertroll toe te wijzen.

Het zal Zijne Majesteit duidelijk zijn dat deze opinie manipulators voor Nederland Nederlandstalig moeten zijn en dus Nederlandse EU-ambtenaren.

Daarmee komen deze lieden in mentaliteit overeen met de NSB'ers en collaborateurs gedurende de 2^e wereldoorlog.

Dit is niet goed voor de Nederlandse samenleving en haar bevolking.

Zijne Majesteit zal hier ongetwijfeld aan denken als hij terugdenkt aan die gedenkwaardige 30 april 2013 en de door hem afgelegde eed.

De Kalkpot

ONSMAKELIJKE LIEDEN

. . .de Nederlandse regering zich afgeeft met wel zeer kwalijk volk? Ongetwijfeld is een dergelijke banaliteit geen reden om daar kennis van te nemen. En zo ja, dan is dat de schuld van de bevolking die dit toestaat. Maar misschien weet de Nederlandse bevolking dit helemaal niet of wil het niet weten. Maar dat kwalijke volk, waarmee de Nederlandse regering zich afgeeft, heeft wel invloed op het wel en wee van diezelfde bevolking. Als goed voorbeeld kan Dhr. Van Rompuy dienen, voorzitter van het Europese Comité. De man presteerde het om als Premier van België in 2009 een meerjaren budget aan de EU te presenteren dat zijn weerga niet had. Het werd, nog net niet vloekend, teruggestuurd met een verzoek om correctie. Het feitelijke oordeel over dit voorgestelde meerjarenbudget was: Incredible hypotheses, always sliding down budget objectives for the period 2008-2013, on-off interventions, no structural savings, missing information, no reforms. In feite deed Van Rompuy hetzelfde als de Griek Papandreou met diens frauduleuze manipulaties om Griekenland in de Eurozone te krijgen. N.l. grandioos liegen. Nette voorzitter waar de onkreukbare VVD'er Rutte geen enkele moeite heeft. Bij de benoeming in zijn huidige functie meende Mevr. Merkel op te moeten merken: "Kom mensen, geef hem een kans." Maar moet het welzijn van 500 miljoen Europeanen, het functioneren van een Europees gouvernement en de toekomst van de Europese Unie afhangen van een man die 'een kans' moet krijgen? Is een loterij geen betere manier om een president van Europa te krijgen?

De inmiddels naar de goot verwezen ex-IMF chef Strauss Kahn, bekend van de meest onsmakelijke seksuele affaires, was een gewaardeerd gesprekspartner voor elke Nederlandse regering. Hoewel zijn onsmakelijke levenswandel wijd en zijd bekend was, werd daar nadrukkelijk nooit enige aandacht aan besteed.

Van de Franse presidenten Mitterant tot en met de huidige Hollande is bekend dat ze het met de echtelijke trouw niet al te nauw namen. Mitterant hield er een concubine op na, Chirac was een ordinaire fraudeur wiens belangrijkste politiek vriendjespolitiek was en er een wet doordrukte die het vervolgen van zittende presidenten der republiek verbood (iets dat Dhr. Berlusconi met plezier imiteerde), Sarkozy meende dat de vagina van Carla Bruni lekkerder geurde dan die van zijn eigen echtgenote en pleegde dus maar overspel en Hollande liet zijn jarenlange levensgezellin Royal na 4 succesvolle bevruchtingen in de steek voor een zekere Trierweiler die overigens in Frankrijk bekend staat als Rottweiler.

De eerder genoemde Italiaan Berlusconi, met een voorkeur voor jonge prostituees en mislukte facelifts is zo bekend dat elke priester spontaan voor zijn zielenheil begint te bidden als hij de naam hoort of leest. Dit verhaal zou een boekwerk worden indien ik alle, binnen de EU invloedrijke politici, aan een nadere beschouwing zou onderwerpen. Dus maar niet.

Maar wel rijst de vraag of dergelijke lieden, gekenmerkt door een zodanig ontstellend gebrek aan loyaliteit ten opzichte van anderen, ook maar enige loyaliteit ten opzichte van hun medemens kunnen opbrengen. Mogen we het welzijn en de toekomst van 500 miljoen Europeanen laten afhangen van wat niet meer dan moreel totaal verworden figuren zijn? Moeten we een figuur als de VVD'er Rutte toestaan met dergelijke figuren politieke zaken te doen? Kan een Nederlands staatshoofd toestaan DAT dit gebeurd ten nadele van het Nederlandse volk?

Zijne Majesteit zal hier ongetwijfeld aan denken als hij terugdenkt aan die gedenkwaardige 30 april 2013 en de door hem afgelegde eed.

De Kalkpot

DE EIKELS QUALIFICATIE

. . .dat het sinds jaar en dag een goede gewoonte is om sollicitanten voor een groot aantal overheidsfuncties aan een antecedentenonderzoek te onderwerpen? Een van de redenen is het feit dat men terzake kundig EN betrouwbaar personeel wil. Voor politici bestaat een dergelijk beleid niet, zoals een recent aantal desastreuze kabinetsbeslissingen en gevallen van corruptie en het indienen van declaraties met een in inkt gedoopte vork door politici op gemeentelijk niveau bewees. Kennelijk worden politici geacht hetzij van nature oprecht en eerlijk te zijn, hetzij die eigenschappen te verwerven op het moment dat ze verkozen worden. Aan die veronderstelling mag terecht getwijfeld worden als het gebruikelijke gedrag van politici onder de loep genomen wordt. Dus een antecedentenonderzoek naar een mogelijk justitieel verleden, een politieke of religieuze extreme achtergrond en moreel wangedrag zoals overspel, wat wijst op een ernstig gebrek aan loyaliteit zou zeker op zijn plaats zijn.

Naast dit antecedentenonderzoek en in navolging van de bekende ABOZHIS (Algemeen-Bovenlichaam-Onderlichaam-Zien-Horen-Intelligentie-Stabiliteit) kwalificatie, en dat verdeeld in 5 gradaties, voor militairen zou er een soortgelijk kwaliteitsnorm voor would be politici moeten bestaan. De fysieke kwaliteiten doen weinig terzake voor een politicus. Wel echter een aantal andere kwalificaties. Een politicus dient intrinsiek Eerlijk te zijn, hij of zij dient over een Intelligentiequotiënt te beschikken dat noodzakelijkerwijs boven het gemiddelde van de bevolking ligt, over een sterk Karakter te beschikken, een hoge Eigenwaarde hebben, Levendige belangstelling te hebben voor wat er binnen de bevolking leeft en een hoge geestelijke Stabiliteitsfactor te hebben. Net als bij militairen en hun ABOZHIS-kwalificatie

geldt, dat als betrokkene niet meer beschikt over de hoogste gradatie en, zoals in het geval van manoeuvre eenheden, een gradatie van één der letters verlaagt van 1 naar 2, betrokkene wordt overgeplaatst naar een wapen of dienstvak waar dat geen rol zou spelen. Het verlagen van een der gradaties naar 5 betekend uiteraard dienstverlating. Het gedwongen de dienst verlaten op grond van S5 was gedurende het bestaan van de dienstplicht een bekend gegeven. Voor politici zou dus de EIKELS-kwalificatie met dezelfde gradaties een nuttig gegeven zijn. En voor het geval de gradatie inderdaad terug valt naar 5, dan hoeft die politicus nog niet eens het gebouw van de 2^e Kamer te verlaten. Hem of haar de zeer nuttige functie van schoonmaker, sanitaire-voorzieningeninspecteur of inspectrice, ofwel toilet dame- of heer, aanbieden zou betrokkene van het noodzakelijke inkomen voor levensonderhoud voorzien. De huidige politici in ogenschouw nemend, vrees ik echter wel dat het gebouw van de 2^e Kamer er superieur blinkend zal uitzien en de toiletten zich in een perfecte toestand zouden bevinden. Helaas zouden er dan geen politici zijn om van die weelde gebruik te maken. Het militaire spreekwoord dat je niet aan een boom hoeft te hangen om een eikel te zijn, doet hier zeker opgeldt.
Liegende, onbetrouwbare en laffe politici zijn weerzinwekkend voor de bevolking en schaden de belangen van het Nederlandse volk.

Zijne Majesteit zal hier ongetwijfeld aan denken als hij terugdenkt aan die gedenkwaardige 30 april 2013 en de door hem afgelegde eed.

De Kalkpot

KORPS POLITIEKE POLITIE

. . .dat Nederland echter een bepaald soort politiekorps mist? Dat zou het Korps Politieke Politie (KPP) moeten zijn dat speciaal bestaat om op te treden tegen lieden die zich beschermd hebben tegen vervolging bij door hen gepleegde misdrijven door middel van het begrip parlementaire onschendbaarheid. Dat korps zou het recht moeten hebben om, met negeren van genoemde onschendbaarheid, op te treden tegen uitsluitend politici die verdacht worden van fraude, het indienen van declaraties die met een in inkt gedoopte vork geschreven zijn, die in het goed betaalde lobbymilieu verzeilt geraakt zijn, die achterkamertjespolitiek (of zo U wilt Bruine kroegen politiek) bedrijven of die domweg totaal geen inhoud geven aan hun taak en verkiezingsbeloften en uitsluitend hun onverdiende wedde opstrijken. Zou een dergelijk korps zin hebben? Als het onbeperkte bevoegdheden heeft, zeker. Dat zou ons de onsmakelijke aanblik van de VVD'er Van Rey besparen, die recent stelde dat het onderzoek naar door hem gepleegde corruptie een politiek proces is. Betekend dit niet dat als een Moslim politicus corruptie pleegt, het een Moslimproces is, dat als een pedofiele politicus corruptie pleegt het een pedofielenproces is?

Het bestaan van dat KPP zou een heilzame uitwerking hebben op de moraal van politici. En een der eerste taken van dit KPP zou het uitvoeren van antecedentenonderzoeken betreffende lieden moeten zijn die zich, op welk niveau dan ook, verkiesbaar willen stellen. Een tweede taak zou moeten zijn het onderzoek naar de inbreuk op het begrip democratie, gepleegd door gekozenen. En dat wil zeggen dat elke klacht betreffende een politicus die brieven of e-mails van kiezers onbeantwoord laat, daarop juridisch moet worden aangesproken. Een derde taak zou zijn het monitoren van alle

politieke onderhandelingen door politici en het publiceren daarvan, zodat de bevolking weet hoe er onderhandelt wordt of, zo U wilt, hoe er gesjacherd wordt. Een vierde taak zou zijn het monitoren van alle onderhandelingen binnen de EU en het vervolgen van Nederlandse politici wegens landverraad voor toegevingen aan de EU en Herman de Verschrikkelijk, die schade voor Nederland en zijn bevolking opleveren. Een vijfde taak zou het maandelijks afnemen van een verhoor van politici zijn met behulp van een leugendetector om vast te stellen of betrokkene nog voldoet aan de eisen, gesteld aan een politicus. Tenslotte is elk antecedentenonderzoek maar een momentopname en kan de betrokken politicus inmiddels zo corrupt als Van Rey, zo trouweloos als de Koningen van Spanje en Zweden, zo'n antisocialist als Samsom of zo leugenachtig als Mark Rutte zijn geworden.
Dat zou een zegen zijn voor het Nederlandse volk

Zijne Majesteit zal hier ongetwijfeld aan denken, als hij terugdenkt aan die gedenkwaardige 30 april 2013 en de door hem afgelegde eed.

De Kalkpot

DE VERDUISTERAARS

. . .de opeenvolgende Nederlandse regeringen, in het bijzonder die regeringen sinds Dhr. Den Uyl, bekend door de opmerking van Dhr. Wiegel dat hij niet dubbelzinniger kon zijn als hij ook ogen in zijn achterhoofd had, Zijne Majesteits strijdkrachten met de gebruikelijke politieke verve, die sinds jaar en dag gemeengoed is, ernstig hebben benadeeld?

Het ABP is al maanden bezig met een soort propagandaslag om de gepensioneerden, dus ook gepensioneerde militairen, ervan te overtuigen dat de pensioenen iets omlaag moeten. De reden zou zijn dat de dekkingsgraad te laag is. Ik breng hierbij dan in herinnering dat het ABP decennia lang werd beheerd door uitermate kundige mensen en er tijdens de heilzame regeerperiode van de PvdA'er Dhr. Wim Kok miljarden overschotten waren. Dhr. Kok besloot dat die miljarden 'afgeroomd' moesten worden omdat het geld maar doelloos bij het ABP lag. Hij meende daarbij gebruik te moeten maken van de z.g. Uitnamewet, die geïnitieerd werd door voormalig premier Lubber en zeer plichtgetrouw en zonder enige visie op de toekomstige gevolgen getekend door Koningin Beatrix. Gesteld kan worden dat ze met het bekrachtigen van die wet de toenmalige regering in staat stelde om domweg verduistering te plegen. De fondsen waren immers opgebouwd uit niet-uitbetaald loon. Bezit van de leden van de pensioenfondsen. Het geld lag dus NIET doelloos bij die pensioenfondsen. Die miljarden waren bedoeld om het pensioen waardevast te houden en het afromen was werkelijk ordinaire verduistering waarvoor Dhr. Kok eigenlijk met een E(Eerlijkheid)5 de laan had moeten worden uitgestuurd. De pensioenen werden geacht waardevast te zijn.

De roemruchte PvdA-prinses Ien Dales geeft een verhaal van dezelfde orde weer en zou, indien de EIKELS classificatie toen bestaan zou hebben, aangepast moeten worden met gradaties tot 10. Mevr. Dales zou dan met een E10 weggejaagd hebben moeten worden en zelfs niet in aanmerking zijn gekomen voor de eervolle functie van Sanitaire Faciliteiteninspectrice. Deze zeer gewichtige dame werd geconfronteerd met eisen voor loonsverhoging van leraren. Daarbij kwam de terechte eis van het instructeurkorps der KL dat, op grond van de werklast, zij ook recht hadden op een dergelijke loonsverhoging, waartoe zij de nodige bewijslast aanvoerden. Mevr. Dales besloot tot een onderzoek en verklaarde dat, als de eis van de militaire instructeurs gefundeerd was, zij die weddeverhoging ook zouden krijgen. Het onderzoek leverde als resultaat op dat militaire instructeurs in feite 15% te weinig verdienden. Zodra dit bekend was, verklaarde Mevr. Dales dat er geen geld voor was en de weddeverhoging dus niet door ging. Het resultaat was dat die 15% ook niet golden voor latere pensioenberekeningen.

Het zal Zijne Majesteit duidelijk zijn dat ik mij als gelovig Nederlander onmiddellijk tot God wendde en Hem verzocht om de betrokken dame tot Zich te nemen. Hij voldeed aan dit verzoek en sindsdien zit Mevr. Dales aan Zijn voeten, speelt op een harpje en zingt stichtelijke hallelujaliedjes te Zijner ere. Haar straf zit hem vooral in de eeuwigheid van die activiteit.

Indien Dhr. Rutte thans verklaart dat de pensioenkorting maar 'een beetje' is, dan liegt hij gaten in het wolkendek zodat hij vrij uitzicht heeft op een harpspelende ex-PvdA'er Ien Dales.

De kortingen op de inkomens van militairen gedurende de afgelopen 20 jaar is een veelvoud van een beetje en vormen thans honderden Euro's per maand.

Het zal Zijne Majesteit ongetwijfeld wel bekend zijn dat, tot het Warschaupact werd ontbonden, militairen regelmatig tot meer dan zeventig uren per week werkten en daarvoor tijdens oefeningen wel zeer genereus werden beloond met

Hlf 1,00 per oefendag. Voor wie dit allemaal ook wel goed was, in elk geval niet voor Zijne Majesteits thans ex-militairen

Zijne Majesteit zal daar ongetwijfeld aan denken als hij terugdenkt aan die gedenkwaardige 30 april 2013 en de door hem afgelegde eed.

De Kalkpot

BELGISCHE GRIEZEL

. . .dat er bij het Algemeen Burgerlijk pensioenfonds een wel zeer onsmakelijke politieke vogel als adviseur werkzaam is? Het betreft hier voormalig VLD'er (een soort van VVD maar dan nog onsmakelijker) premier Verhofstadt van België. In de eerste jaren van zijn premierschap meende deze man dat het sluitend maken van zijn budget en het voldoen aan de Maastrichtnorm bereikt kon worden door een aantal sale-and-lease-back operaties. Dat betrof de verkoop van Belgisch nationaal onroerend goed aan een Nederlandse investeerder. Zou dat het ABP kunnen zijn, dat daarvoor 840 miljoen betaalde en daarvoor in 20 jaar 3,2 miljard terug krijgt? De indertijd door de VVD'er Nijpels, directeur van het ABP, afgelegde verklaring dat hij Dhr. Verhofstadt als adviseur bij het ABP had kunnen betrekken deed de corruptie uit de beeldschermen van de lezers bij het lezen van de verklaring spatten. Iemand die de staatsschuld van België gedurende zijn ambtsperiode opjoeg met 280 miljard kan nauwelijks een nuttig adviseur voor het ABP genoemd worden. Deze bedenkingen werden indertijd aan alle Nederlandse politieke partijen gestuurd. Een ijzig stilzwijgen en het heftige gebruik van de delete knop en de 'blocked senders list' was het resultaat. Het zal U bekend zijn dat ook politici de gedachte moeten koesteren dat als er een ernstig vermoeden van schuld aan een misdrijf bestaat, er gereageerd moet worden. Hiertoe staat het instituut van de parlementaire Onderzoekscommissie ten dienste. In dit geval is een onderzoek naar de positie van Dhr. Verhofstadt als adviseur bij het ABP in feite onvermijdelijk

Het parket van Brussel vervolgde al enkele jaren na de feiten, toen genoemde VVD'er, pardon, VLD'er nog premier van België was, drie Luxemburgse zakenlui en twee Luxemburgse vennootschappen voor een miljoenenfraude bij de verkoop van de Financietoren in Brussel. Misschien onnodig op te merken dat gedurende het bewind van Verhofstadt het nooit tot enige serieuze aanklacht kwam. Pas na diens voor België wel zeer schadelijke premierschap werd het onderzoek kennelijk voortgezet. Het Brusselse gerecht onderzocht enkele dubieuze geldstromen rond de verkoop, na een klacht van de Bijzondere Belastinginspectie. Het parket stelde vast dat de drie zakenlui verdachte commissielonen hebben opgestreken voor hun tussenkomst in de verkoop van het gebouw aan een Nederlandse investeerder in vastgoed. Het gaat over enkele miljoenen euro die via Luxemburgse vennootschappen zijn verborgen gehouden voor de Belgische fiscus. De resultaten van dit onderzoek werden nooit openbaar gemaakt, wat niet zo verwonderlijk is gezien de extreem grote en dikke karpetten in de regeringsgebouwen.

Indien geen onderzoek naar corruptie, zou ik elk geval een onderzoek naar de waarde van Dhr. Verhofstadt voor het ABP moeten worden overwogen.

De aanwezigheid van een dergelijke figuur in een Nederlands pensioenfonds is schadelijk voor het fonds, voor de gepensioneerden en voor de beeldvorming die Nederlanders hebben van Nederlandse overheidsinstellingen.

Zijne Majesteit zal daar ongetwijfeld aan denken als hij terugdenkt aan die gedenkwaardige 30 april 2013 en de door hem afgelegde eed.

De Kalkpot

DIERENBEULEN EN DIERENARTSEN

. . .dat er in Zijn land met de regelmaat van de klok een of andere dierenbeul zijn ongetwijfeld op sadisme gestoelde hobby uitleeft op weerloze dieren. Dat gebeurt dan met een kruisboog, een mes, een knuppel en soms met een jachtgeweer. Onlangs werd ik bij het lezen van een landelijke krant op weerzinwekkende wijze verrast met een foto van een zwerfkat die kennelijk 15 kogeltjes in zijn lichaam heeft en in erbarmelijke staat werd gevonden. Het diertje, dat men de naam Bikkel gaf, werd verzorgd en uiteindelijk bleek dat de kogeltjes operatief verwijderd moeten worden. Uw onderdanen, die het hart op de juiste plaats hebben zitten, besloten om een inzamelingsactie te houden om die operatie te kunnen betalen. Ze hebben tijd, en ongetwijfeld geld omdat benzine en telefoon nu eenmaal niet gratis zijn, gebruikt om dat te kunnen verwezenlijken. Wat Zijne Majesteit mogelijkerwijze is ontgaan is, dat er een soort beroepslui bestaan die aan diergeneeskunde doen. Dat zijn dierenartsen. Het is verbazingwekkend dat geen van uw onderdanen, die een dergelijk beroep uitoefenen, bereid was om die operatie uit dierenliefde uit te voeren. Tenslotte zou het hem niet meer geld, moeite en tijd hebben gekost dan wat die barmhartige kattensamaritanen aan het dier hebben besteed. Een kort onderzoekje op Internet leerde mij dat alle dierenartsen oud zouden moeten zijn, want ze behoren tot een zeer welgestelde bevolkingsgroep die volgens de PvdA'er Samsom altijd oud zijn. Een verder onderzoekje leerde mij dat er ook vele jonge dierenartsen moeten zijn. Een ook welgesteld. Dus zijn dit ongetwijfeld VVD'ers en aanhangers van de Rutte theorie, inhoudende dat een mens, zodra hij met pensioen gaat (of gewond raakt door het schot uit een jachtgeweer en daarmee ook aan het productieproces onttrokken) maar zo snel mogelijk de pijp aan Maarten moeten geven. Dat is n.l. goed voor de fondsen van de Zorgsector en een zegen voor de pensioenfondsen. Maar zelfs indien alle dierenartsen, jong en oud, straatarm waren, dan nog zou het van menselijkheid hebben getuigd als een van hen besloten zou hebben Bikkel te opereren en een kans op een comfortabele oude dag te geven bij een liefdevol baasje. Die betrokken diergeneeskundige onderdaan zou er dus alleen wat tijd, een narcose, een paar hechtdraden, een antibiotica-injectie en wat desinfecteringsmiddel in hebben moeten steken. Dat is niet veel als je daarmee dierenleed kunt verlichten dat is veroorzaakt door een creatuur dat ik, zou het 1942 zijn geweest, met plezier in een verbrandingsoven had gegooid. En van een gaskamer zou ik zeker geen gebruik hebben gemaakt. Zyklon-B is een duur gas en we moeten nu eenmaal bezuinigen. Misschien zit de Nederlandse maatschappij toch iets anders in elkaar dan Zijne Majesteit veronderstelt door zijn gesprekken met de huidige premier, zijnde de VVD'er Rutte.

Hij zal daar ongetwijfeld aan denken als hij terugdenkt aan die gedenkwaardige 30 april 2013 en de door hem afgelegde eed.

De Kalkpot

ONGEWENSTE ELEMENTEN

. . .dat er heden ten dage in het door hem geregeerde Koninkrijk een bevolkingsgroep bestaat waarvoor in de 2^e Wereldoorlog voor de Duitse bezetter een term bestond. N.l. 'Unerwunschte Elemente'? In dit geval echter geen Joden, Zigeuners of homoseksuelen. In uw Koninkrijk zijn het de onderdanen die, door het bereiken van de pensioengerechtigde leeftijd aan het productieproces van B.V. Nederland, zoals het door VVD-kringen zo graag wordt genoemd, worden onttrokken.

. . .dat er heden ten dage een VVD-regeringsbeleid wordt gevoerd dat ertoe leidt dat ouderen niet meer de zorg kunnen krijgen die onontbeerlijk is voor het beleven van een waardige en onbezorgde levensavond?

. . .dat er thans bejaarden op hoge leeftijd min of meer gedwongen worden om verzorgingstehuizen te verlaten en weer zelfstandig te gaan wonen, waarmee men hen uit een vertrouwde omgeving dwingt weg te gaan, waarvan ze veronderstelden dat ze daar tot hun levenseinde zouden verblijven?

. . .dat er op volkomen onterechte gronden op deze ouderen en vele anderen, die noodzakelijkerwijs van de Zorgsector afhangen, wordt bezuinigd terwijl anderzijds het aantal fraudegevallen in de Zorgsector zo groot is en zo veelvuldig, dat die bezuinigingen volkomen onnodig zouden zijn indien het naleven van de wetten in uw Koninkrijk correct wordt afgedwongen?

. . .dat veel van Uw, naar de mening van de VVD/PvdA regering 'Unerwunschte Elemente', onderdanen daardoor menen in de positie te geraken die het rechtvaardigt om een beroep te doen op de service van een Nederlands instituut dat soortgelijk is aan dat, wat in de 2^e wereldoorlog Aktion T4 werd genoemd en waarvan de toestemming tot de uitvoering van Adolf Hitler in 1939 persoonlijk kwam?

. . .dat sinds het begin van de z.g. economische crisis het zelfmoordpercentage in Europa met 15% is toegenomen?

. . . .dat geen Nederlander pijn hoeft te lijden door welke aandoening dan ook omdat de farmaceutische industrie ruimschoots in staat is elke pijn te verlichten en draaglijk te maken, waarmee het verlangen naar levensbeëindiging op die gronden gereduceerd wordt tot een absoluut minimum?

. . .dat geen Nederlander in een verzorgingstehuis zich zorgen zou moeten maken over de vraag of hij of zij misschien weer, eenzaam, zelfstandig moet gaan wonen?

. . .dat de VVD'er Rutte en PvdA'er Samsom met genoegen kennis nemen van elke geslaagde operatie van het Nederlandse equivalent van Aktion T4 en eigen initiatief in deze, omdat het de pensioenfondsen en Zorgverzekeringen financieel ontlast?

. . .dat als de neergeschoten kat Bikkel, naast zijn dierlijke instinct menselijk inzicht had en aldus kennis kon nemen van wat er in Nederland gaande is, hij ongetwijfeld zou wensen dat hij een Bengaalse Koningstijger was, zodat hij zowel de sadist die hem neerschoot als de huidige regering van Nederland aan stukken kon scheuren.

Zijne Majesteit zal hier ongetwijfeld aan denken als hij terugdenkt aan die gedenkwaardige 30 april 2013 en de door hem afgelegde eed.

De Kalkpot

VERGELIJKINGEN

. . .dat er bij verschillende beroepsgroepen vaak sterke overeenkomsten te zien zijn?

Als voorbeeld mogen de beroepen van politicus en zwerfhoer dienen.

Beide beroepsgroepen trachten een bepaalde behoefte op te wekken. De politicus doet dit met allerlei verkiezingsbeloften die vaak bij voorbaat al niet zijn in te lossen.

De zwerfhoer doet dit met een exposé van haar lichaam in het soort kleding dat aan de verbeelding weinig te wensen overlaat.

Als het baantje van politicus niet genoeg inkomen oplevert, wordt het uitsluitend nog gebruikt als een soort springplank naar een beter betaalde baan of nevenfunctie bij een bedrijf, dat het aanbiedt in de hoop dat de politicus zijn invloed ten gunste van zijn nieuwe werkgever zal aanwenden.

Als het ene tippelstraatje voor de zwerfhoer niet genoeg klanten(geld) oplevert, dan wordt er uitgeweken naar een ander straatje dat meer klandizie beloofd.

Als een kiezer voor een politicus te kritisch wordt en vragen gaat stellen over niet-ingeloste verkiezingsbeloften, reduceert de politicus de verbale of schriftelijke toegang tot hem en zijn staf tot een minimum of nul.

Als de klant te vervelend of veeleisend wordt, wordt hij door de prostituee niet meer ontvangen.

Interessanter is de vergelijking met baas-politici zoals partijleider en pooiers.

Levert de prostituee de pooier niet voldoende inkomsten, dan wordt ze zonder poeha met of zonder pak slaag de laan uitgestuurd en kan ze tippelen in des pooiers reviertje vergeten.

Levert een politicus niet voldoende prestatie om de partijleider voldoende in het zonnetje te zetten, ofwel hem voldoende publiciteit te verschaffen, dan wordt hij of zij verzocht zich niet meer verkiesbaar te stellen. Dit ongeveer zoals de Europarlementariërs van de PvdA, Thijs Berman, Emine Bozkurt en Judith Merkies overkwam. Net als de zich aan haar hoogst interessante arbeid onttrekkende prostituee schijnen deze drie dit ook te doen. Als graaiers behoren ze ongetwijfeld tot de besten. Als politici die de stinkende PvdA-visie in het Europarlement moeten uitdragen, zijn ze kennelijk niet veel zaaks.

Misschien gaat het te ver om een politieke baas een pooier te noemen en een pooier een politicus, maar de overeenkomsten zijn onmiskenbaar. Waarbij ik me afvraag of de pooier zich hierdoor niet beledigd moet voelen.

Nog interessanter is het om te weten dat, met bedelarij en landloperij, souteneurschap in de wetgeving als een luiheiddelict wordt gezien. De drie genoemde politici zouden dus, indien ze een pooier als baas hadden gehad, zonder poeha uit de partij gesmeten zijn en met of zonder pak slaag uit wandelen gestuurd. En verder in het reviertje van Samsom rotzooien kunnen ze dus wel vergeten.

Naast de onsmakelijke berichtgeving over het fenomeen corruptie onder politici, het indienen van declaraties die met een vork worden geschreven en onnodig en voor de belastingbetaler duur taxigebruik kennen we nu dus ook de arbeidslust, of het gebrek eraan, bij politici.

Het is maar goed voor deze lieden dat de Kalkpot niet hun baas is. Ze zouden namelijk een voor een naar het ziekenhuis moeten om die puntige schoen uit hun achterste te laten verwijderen. En de Kalkpot zou mee moeten omdat zijn voet nog in die schoen zat.

Politiek in Nederland is niet meer wat het geweest is. En de huidige politici zijn zeker niet goed voor het Nederlandse volk.

Zijne Majesteit zal daar ongetwijfeld aan denken als hij terug denkt aan die gedenkwaardige 30 april 2013 en de door hem afgelegde eed.

De Kalkpot

FRAUDULEUZE POLITICI

. . .dat Hij als staatshoofd een regering heeft die zich schuldig maakt aan ernstige strafbare nalatigheid waar het een misdrijf betreft waarvan Zijn onderdanen de financiële gevolgen moeten dragen?

Enkele jaren geleden besloot een Duitse reporter, werkend voor een Hongaarse Tv-zender en geaccrediteerd bij de EU in Brussel om vast te stellen hoeveel Europarlementariërs zich inschreven voor het aanwezig zijn op een vergadering en onmiddellijk daarna huiswaarts vertrokken. Aldus het vrolijke douceurtje opstrijkend waarvoor velen een week moeten werken. Met een cameraman voor de bewijsvoering sprak de brave man een groot aantal parlementariërs van vele nationaliteiten, waaronder Ieren, Nederlanders, Duitsers en Italianen aan en werd, zoals hij verwachtte, hetzij bijzonder onheus bejegend, hetzij openlijk bedreigd met een rechtszaak. De veiligheidsdienst van de EU faciliteiten verwijderde de reporter en zijn cameraman manu militari uit het gebouw. De resultaten van het werk van de cameraman verschenen enige tijd op You Tube. Bij het zien ervan zou elke, de wet respecterende burger, besluiten dat er een strafbaar feit is gepleegd. N.l. fraude. En dat op kosten van o.a. de Nederlandse belastingbetaler. Nederlandse parlementariërs en de leden van de regering (juist ja: VVD'ers en PvdA'ers) zullen dit ongetwijfeld ook gezien hebben en zo niet, dan zouden ze door de Nederlandse Europarlementariërs zeker zijn ingelicht.

De reactie zou dan ook gekomen moeten zijn in de vorm van een protest van onze brave pensioen- en belastingmelkers tegen het gepleegde misdrijf en een eis om strafvervolging. Echter: Van het westelijk front (Den Haag ligt hopelijk nog steeds in het westen van het land) geen nieuws. Een diep nadenken bracht De Kalkpot tot de conclusie dat regerend en politiek Nederland lijden aan de mutatie van een mentaal probleem. Waar het origineel als Oost-Indisch Doof werd omschreven, kan de mutatie Oost-Indisch Analfabetisme genoemd worden. En voor diegenen die het filmpje op You Tube zagen kan gesproken worden van Oost-Indische Blindheid. Desondanks kan de huidige regering onder de gezegende leiding van Dhr. Rutte strafbare nalatigheid verweten worden aangezien ze niet optreedt tegen wat ordinaire fraude op kosten van o.a. de Nederlandse belastingbetaler is.

Enkele dagen geleden probeerde Dhr. Tom Staal eveneens vast te stellen hoe het zit met bovengenoemd fraudegedrag door Europarlementariërs en de resultaten van zijn werk waren zeer korte tijd te zien op You Tube. Helaas inderdaad maar zeer korte tijd. Want een Italiaanse politieke hoerenloper wendde zijn invloed aan en het filmpje verdween weer van You Tube. Er werd echter zoveel bekendheid aan gegeven dat iedereen in Nederland er wel kennis van moet hebben gekregen. Van de meest beschaafde souteneur tot de meest nalatige politicus

Wederom sloeg de Oost-Indische Doofheid, Oost-Indische Blindheid en het Oost-Indische Analfabetisme toe en schijnt Dhr. Rutte nog steeds geen aanstalten te maken om alle betalingen van Nederland aan de EU op te schorten tot alle Europarlementariërs gedurende al de jaren dat ze deze fraude plegen de volledige buit, met rente, hebben terugbetaald en een onafhankelijk rechtscollege een vonnis heeft geveld.

Zijne Majesteit zou kunnen overwegen om, mede gezien de geringe draagkracht die dit Kabinet en de leden van de Staten-Generaal nog hebben, deze lieden van hun taken te ontheffen en te doen vervolgen en nieuwe verkiezingen te gelasten waarbij de personen die er thans deel van uitmaken van die verkiezingen worden uitgesloten. Tenslotte hoeft de

Nederlandse bevolking niet door totaal incapabele figuren geregeerd te worden.
En de Nederlandse bevolking zou hem dankbaar zijn.

Zijne majesteit zal daar ongetwijfeld aan denken als hij terugdenkt aan die gedenkwaardige 30 april 2013 en de door hem afgelegde eed.

De Kalkpot

DE CULTUURVERRIJKER

. . .dat de Partij van de Arbeid, sinds wijlen Den Uyl meende de toeloop van gastarbeiders als een verrijking van de Nederlandse cultuur te zien, in feite geen partij meer is die enige affiniteit heeft met de Nederlandse arbeider? De PvdA drijft politiek nog slechts voor een groot deel op nieuwe Nederlanders met, het zij gezegd, nogal exotische namen. Stadsdeelvoorzitter van Amsterdam Nieuw-West, Achmed Baâdoud, is zo'n Nederlander. Van een man met een dergelijke achtergrond zou verwacht mogen worden dat hij intensieve voeling heeft met zijn even exotische achterban. Niets minder is waar. Een familie met de oer-Nederlandse naam Smit, die kennelijk tussen de achterban van Dhr. Achmed-met-de-moeilijke-achternaam woonde, werd uit de buurt weggetreiterd. Het kan ook zijn dat de brave nieuwe Nederlander als eerste het befaamde Oost-Indische trio mentale aandoeningen overnam van zijn politieke omgeving. Dat is natuurlijk wel zo conveniërend. En in de moskee voor of na het Vrijdaggebed praten met die achterban om te horen wat er leeft? Natuurlijk niet.

Nu is wegtreiteren van autochtonen uit de wijken in grote steden waar de families al generaties wonen, en niet alleen in Nederland, voor lieden uit een niet met name genoemd noord-Afrikaans land een gewone zaak. Het stadje Borgerhout nabij Antwerpen is daarvan een goed voorbeeld. Het heet thans Borgerocco. Tenslotte willen ze knus bij elkaar wonen zonder zich te moeten storen aan Nederlandse gewoonten. Dus wordt er wat gescholden, een oploopje voor de deur gehouden, wat ontlasting door de brievenbus en het huisvuil dat ter ophaling voor de deur staat even over de stoep verspreiden en je komt al een heel eind.

Voor de PvdA is dat volkomen normaal. De jongelui moeten zich tenslotte ook eens kunnen uitleven, een beetje uit de bol gaan en hier en daar loverboy spelen. Nietwaar. Belangrijkste is natuurlijk dat het volkje geleerd wordt dat alleen de PvdA bij de verkiezingen het beste met hen voorheeft.

Een belangstellende zoektocht op Google naar de achtergrond van dit verhaal leverde een eindeloze stroom artikelen op. Het belangrijkste artikel, tussen de rapportages over crimineel gedrag, is wel dat voor dat niet met name genoemde noord-Afrikaanse land het opgeven van de nationaliteit door in Nederland geïmporteerde niet bij naam genoemde mensen uit dat land ondenkbaar is.

De conclusie ligt voor de hand. Iemand die zijn nationaliteit niet kan kwijtraken, kan de Nederlandse nationaliteit niet krijgen. Aldus zouden onze politici thans moeten besluiten dat Nederland een wet moet hebben die een dubbele nationaliteit verbied. En iemand die geen Nederlander is, kan altijd worden uitgewezen naar het land van herkomst. Wil die hem niet terug? Dan misschien de grenzen weer sluiten en een stuk hermetisch afgesloten terrein aan de grens met voor een ieder 2 vierkante meter leefruimte en een éénwegspoort. Het probleem hoe terug te keren naar het geliefde niet-met-name-genoemde vaderland is dan geen Nederlands probleem meer. En mogelijk kan de PvdA ervan overtuigd worden dezelfde weg te gaan. Ze willen tenslotte wel voeling houden met hun achterban, nietwaar? De Koning van dat niet-met-name-genoemde land zal ongetwijfeld dolgelukkig zijn met zijn nieuwe inwoners die wel hun nationaliteit kwijt kunnen raken. En speciaal met een figuur die Samsom heet.

Mag ik stellen dat de situatie in Nederland, veroorzaakt door nieuwe Nederlanders die absoluut geen affiniteit hebben met hun nieuwe woonland, langzamerhand onhoudbaar begint te worden?

Het is bar slecht voor de Nederlandse bevolking.

41

Zijne Majesteit zal daar ongetwijfeld aan denken als hij terugdenkt aan die gedenkwaardige 30 april 2013 en de door hem afgelegde eed.

De Kalkpot

FOLKLORE

. . .dat de folklore van Nederland een aantal mooie liedjes kent die thans aan verandering toe zijn?

De tekst van het befaamde lied 'Merkt toch hoe Sterk' beschrijft de dappere strijd van de door de Spanjaarden belegerde stad Bergen op Zoom, welks belegering door 'Die van Oranje' werd beëindigd. Wat mij in dit lied altijd het meest trof, was de zin: Stut de Spaanse scharen. Natuurlijk volkomen juist voor die roerige tijd met voor ons de eerste Prins van Oranje, Vader des Vaderlands, en God zij dank geen mobile telefoons, IPads en politici. Helaas heeft de tekst zijn houdbaarheidsdatum overleefd. Toch zou een geringe wijziging ervan al wonderen doen en het lied weer up-to-date maken. Ik wil dan ook voorstellen om het nostalgische: Stut de Spaanse scharen te wijzigen in: Stut de Moslim scharen. In het derde couplet kan Spinola dan vervangen worden door Achmed en Don Velasco door Ibn Said. Dit befaamde lied is daarmee duidelijk geactualiseerd.

Waar de blanke Top der Duinen ooit schitterde in de Zonnegloed, moet ik helaas vaststellen dat de houdbaarheidsdatum al zo lang overschreden is dat die toppen, die toch al niet meer zo schitteren door de luchtvervuiling, stinken door het overal liggende zwerfvuil en de onderliggende duinen alleen nog dienen om alle vervuiling uit de Noordzee buiten de deur te houden. Ook in de dalen tussen de toppen schittert het niet meer zo. Het fraaie Oudnederlands uit de tijd dat het lied gecomponeerd werd, klinkt niet meer zoals toen en wordt in toenemende mate vervangen door de taal die gangbaar is in Saoedi-Arabië. Een soort verbale vervuiling, zou men kunnen zeggen. Waar we vroeger stonden te juichen aan het vlakke strand dat we Nederland liefhebben, staan nu door de PvdA opgestelde bordjes die de weg wijzen naar de overheidskantoren waar bijstand en kinderbijslag kan worden aangevraagd. Ik vrees dat dit lied ook niet te redden is met improvisatie.

Het befaamde Hop Marjanneke Stroop in't Kanneke, dat een spotlied op de armzalige Franse soldaten was die in Nederland opnieuw gekleed en bewapend moesten worden om vervolgens afgelost te worden door een nieuwe eenheid voor dezelfde behandeling (Vandaar de toespeling 'Kale Fransen'), biedt gelukkig grond voor enige wijziging. We zouden ervan kunnen maken: Hop Marjanneke, Stroop in't Kanneke, dans maar in de lanen, Eerst was er Samsom in't land, en toen Mohammedanen. Deze tekst sluit beter aan op de huidige situatie, hoewel Samsom helaas nog niet is weggestemd of het tijdelijke met het eeuwige heeft verwisseld en daarmee naast partijgenote Ien Dales zou zitten. Gelukkig is hij daar wel goed op voorbereid. Hij kweelt zijn verkiezingsliedjes verbazend goed en kan zo omschakelen op Halleluja.

Het Wilhelmus baart enige zorgen. De Prins van Oranje was van Duitschen Bloede. Nu zijn alle oude Nederlanders dat ook en sedert de inzet van de Prins van Oranje betrekken we dat Duitse bloed ook op onszelf. De Batavieren, Kaninefaten, Friezen en Tubanten kwamen tenslotte niet uit de omgeving van Wladiwostok. Maar staat de gemiddelde Achmed daar niet wat vreemd tegenover? Hij kwam uit een land dat weliswaar van oorsprong een Kaukasische bevolking had, maar een tikkeltje bijkleurde door het nogal vrijblijvende gebruik van uit zwart Afrika geïmporteerde ebbenhoutkleurige slavinnen. Echt Duits bloed zit daar niet in. Tenzij de betrokken dames uit de voormalige Duitse kolonie Tanganyika kwamen en hun wat lichtere tint aangaf dat ook de Duitse kolonisator, waar het seks betrof, zeker geen discriminatie kende. Ook het 'Vaderland getrouwe' mag op enige scepsis rekenen. Welk vaderland? Dat waarvan hij eveneens de nationaliteit bezit? Of dat wat hem economisch in leven houdt? Een moeilijke keus. Ook het vijfde couplet kan voor enige verwarring zorgen. "Mijn schild ende betrouwen, zijt gij O God mijn Heer." Tja, en welke is dat dan wel"? Jahweh, of de God zoals wij hem kennen en die in de hemel op zijn troon zit met Ien Dales en, naar ik hoop spoedig, Samsom aan zijn voeten en die een paar oorpropjes draagt om dat tweetal vooral niet te hoeven horen? Of misschien Allah? In dat geval is De Prins van Oranje voor die nieuwe Nederlander niet meer dan een stuk geschiedenis zonder enige betrokkenheid en de heidense Koning van het land waar ze dus de tweede nationaliteit van bezitten inderdaad niet meer dan een heiden.

Ik vrees dat ook het Wilhelmus niet te redden is.

Tenzij de oer-Nederlandse reflex het wint van de huidige apathie en de sabel en hartsvanger weer van de wand wordt gehaald voor een nieuwe tachtigjarige oorlog of een paar jaar verzet tegen een nieuwe bezetter. Met een knipoog naar onze neven aan de andere kant van de oostelijke grens zou gezegd kunnen worden: Nederlanders, pas op uw fiets.

Zijne Majesteit zal daar ongetwijfeld aan denken als hij terugdenkt aan die gedenkwaardige 30 april 2013 en de door hem afgelegde eed.

De Kalkpot

SELECTIEVE BIJBEL LEZERS

. . .een aantal van Zijn onderdanen er een zeer selectieve interpretatie van het Boek der Boeken, n.l. de Bijbel, op na houdt? Een absolute 'must' voor dit aantal onderdanen is het herdenkingsceremonieel dat verbonden is met Genesis 22. Elk jaar wordt het offer van Vader Abraham (nee, natuurlijk niet die zanger van smartlappen) herdacht met een voor het schaapsbestand in deze wereld dramatische afloop dat we inmiddels allemaal kennen. Volgens de Bijbel zouden in feite uitsluitend rammen dat lot moeten ondergaan omdat Onze Lieve Heer (OLH, nietwaar?)in een met zijn hoorns in de struiken vastzittende ram had voorzien, zodat Abraham die in plaats van zijn enige zoon Isaac kon offeren. Een wel zeer genereus gebaar van OLH. De Bijbel is dus een zeer belangrijk boek voor een aantal van Zijne Majesteits onderdanen die Gods woord eeuwigheidswaarde toekennen. Aan die eeuwigheidswaarde wordt echter geen aandacht geschonken waar het Genesis 12 betreft. Hier wordt beschreven hoe OLH het land Kanaän, dus het huidige Israel, aan Abraham schonk. En op dit punt gaan onze brave medeburgers met hun selectieve opvatting betreffende de waarde van Gods woord linksaf terwijl de rest van Zijne Majesteits onderdanen gewoon rechtdoor lopen. Onze brave aartsvader Abraham, een geëmigreerde Irakees, werd dus de bezitter van Kanaän en zou, als we de Bijbel geloven, zoveel nazaten krijgen als sterren aan de hemel, als zandkorrels in de woestijn of, om het modern te houden, als euro's in de volgepropte zakken van hedendaagse europolitici. Om redenen die hier weinig terzake doen, besloten die nazaten om uit te zwermen over de wereld en hun geluk elders te zoeken. Die wens ging maar ten dele in vervulling. Veel van de volkeren waaronder ze zich mengden waren niet altijd opgezet met de aanwezigheid van die zandkorrels, sterren aan de hemel of, zo U wilt, euro's en verjoegen ze of gingen er onaanvaardbaar hardhandig mee om. Wijlen Dhr. A. Hitler (Een politicus) meende dat hier zelfs een 'Endlösung' op zijn plaats was. Het was dan ook volkomen logisch dat die zandkorrels, sterren of euro's besloten dat ze hun veiligheid en welbevinden niet aan anderen konden toevertrouwen en keerden in groten getale terug naar het land dat aan Abraham en zijn nazaten, dus aan hen, was beloofd. En hoe Zijne Majesteits groepering 'selectieve onderdanen' daar ook over moge denken, het is Gods woord en dat heeft eeuwigheidswaarde. Althans voor diegenen die geloof hechten aan lieden die van een berg afdalen, uit een grot, spelonk, hut of krot gekropen komen en vertellen dat ze een onderonsje met God hebben gehad en vanaf dan Zijn spreekbuis, Zijn gedachtevertolker zijn.

Zijne Majesteits onderdanen zijn, door de eeuwen heen, een bijzonder tolerant volkje geweest dat onderdak bood aan vele opgejaagden en gelukzoekers. Ze willen dat ook blijven. En dit zonder de nevenaspecten van een griezelige groepering die de Bijbel wel erg selectief leest.

Zijne Majesteit zal daar ongetwijfeld aan denken als hij terugdenkt aan die gedenkwaardige 30 april 2013 en de door hem afgelegde eed.

De Kalkpot

DE SCHOPSTOEL

. . . dat Zijne Majesteits regering bijzonder asociaal en mensonwaardig slordig omgaat met Zijn strijdkrachten? Deze regering hanteert dezelfde visie als die, welke de regering van president Rooseveldt van de USA van 1941 tot 1945 noodgedwongen moest hanteren. Militairen in het algemeen en soldaten in het bijzonder werden toen gezien, en aangeduid, als 'General Issue' ofwel "algemene verstrekking" en, om het nog nauwkeuriger te omschrijven, als verbruiksvoorwerp. Daar kwam dus de benaming GI vandaan. Die visie van toen moest wel gehanteerd worden omdat die militairen gedurende de strijd in de Stille oceaan en Europa en masse sneuvelden. Troepen werden in de Verenigde Staten opgeleid voor vervanging van troepen die nog moesten sneuvelen. De benaming GI was dus, moet met tegenzin erkend worden, correct. Dat is heden ten dage echter niet het geval. Wat de huidige VVD/PvdA-regering thans doet is militairen, die er door de aard van hun speciale beroep toch al een andere mentaliteit, visie op leven en dood en verwachting van de samenleving op na houden, dwingen om voor hun Functioneel Leeftijdsontslag (FLO) de dienst te verlaten. De reden hiertoe ligt voor de hand. Bij een diensttijd van 25 tot 30 jaar staat de man niet ver van zijn FLO en moet daarna gedurende 10 jaar door Defensie worden onderhouden middels de militaire wachtgeldregeling. En die drukt op het defensiebudget. Wat is gemakkelijker dan de man op zijn vijftigste te ontslaan. Hij zal dan een burgerbaan moeten zoeken, nog 17 jaar moeten werken en mist daarna een belangrijk deel van de militaire pensioenopbouw waardoor hij wel rijp is voor 'ouderenarmoede'.

Nu zie ik een militair, met zijn mentaliteit, specifieke ervaring en achtergrond, niet zo gemakkelijk een burgerbaan vinden op die leeftijd en in een tijd die 'economische crisis' wordt genoemd, hetwelk door Dhr. Rutte van de VVD zo graag wordt gebruikt om de gemiddelde burger in het algemeen en de oudere burger in het bijzonder financieel uit te kleden.

De huidige Minister van Defensie geeft met de wijze waarop ze ongeveer 150 personeelsleden van defensie ontsloeg, door ze een niet-ondertekende ontslagbrief te sturen, aan dat ze militairen slechts als verbruiksvoorwerp, een GI, ziet. De mannen hoeven nog net niet te sneuvelen. Gewoon oprotten mag ook.

Het kan natuurlijk zijn dat de minister de nivelleringsvisie van Dhr. Samsom van de PvdA zal hanteren en de ontslagenen een wachtgeldregeling toekent die overeen komt met die van politici die hun tijd geeuwend in de 2^e of 1^e kamer verdoen. Maar ik heb goede redenen om aan de politieke wil, die in een dergelijke nivelleringsregeling zou voorzien, te twijfelen.

Voor de PvdA is het inkrimpen van Zijne Majesteits Strijdkrachten 'gefundenes Fressen'. Al in 1993 ging de PvdA'er Relus Ter Beek de huidige Minister van Defensie daarmee vooraf. Het resultaat van diens 'Vredesdividend innen' resulteerde in een erfenis voor Prof. Dr. Voorhoeve als zijn opvolger, die in plaats van de beloofde gloednieuwe racefiets, een roestige oude hometrainer erfde die van een verfje was voorzien. Het resultaat heette Srebrenica.

Zijne Majesteit zal daar ongetwijfeld aan denken als hij terugdenkt aan die gedenkwaardige 30 april 2013 en de door hem afgelegde eed.

De Kalkpot

VERWORVEN RECHTEN

. . .dat de premier van Nederland, de VVD'er Rutte, er bijzonder flexibele ideeën op na houdt waar het toepassing van regelingen, wetgeving en 'verworven rechten' betreft?

Het begrip 'verworven rechten' is voor politici van alle partijen natuurlijk de hoeksteen van hun streven. Daarbij kan gedacht worden aan hun ruime salaris, vergoedingen en eventuele bijverdiensten in het bedrijfsleven, zoals de VVD'er Van Rey ons via de media zo treffend duidelijk maakt. De VVD'ster Helma Nepperus maakt zich echter heftig zorgen. Na het horen dat de Kamerleden 170 Euro gekort worden op hun ruime salaris verklaart ze in een krant: "Ik wil hier meer over weten, want het is toch een best bedrag dat wij minder krijgen." Dat is inderdaad een 'best' bedrag. . . Voor een arbeider. En voor een gepensioneerde zou het net de druppel kunnen zijn die de emmer doet overlopen en hem doet besluiten dat het Nederlandse equivalent van Hitlers Operatie T4 de enige uitweg is. Dat heeft twee voordelen. De gepensioneerde is van zijn ellende, veroorzaakt door het griezelige politieke duo Rutte/Samsom, af en het personeel van de euthanasiekliniek heeft redenen om te geloven dat hun baan geen gevaar loopt. Terzijde meen ik wel dat hier op Samsomiaanse wijze genivelleerd zou moeten worden. Het zijn allemaal Nederlanders en dus 'gelijke monniken gelijke kappen'. De gepensioneerde dat spuitje dat hem rechtstreeks toegang verschaft tot Gods voeten, een harpje en het gezelschap van PvdA'ster Ien Dales en het griezelige duo een behandeling met de sleg. (Voor de lezers die de militaire dienstplicht liever aan zich voorbij zagen gaan: Een sleg is die grote houten hamer waarmee de tentharingen in de grond werden geslagen) Voor VVD'ster Nepperus en gelijkgezinde politieke komedianten is, en blijft, die 170 Euro slechts het verschil tussen wel of niet dat wekelijkse bezoekje aan het gerenommeerde restaurant De Slobberende Slurper. Dat wordt die dag dan dineren in een friettent. Daarbij zal ze ongetwijfeld vinden dat er aan haar 'verworven rechten' is getornd.

Verschil moet er zijn. De bonussen en waanzinnig hoge salarissen in de geprivatiseerde nutsbedrijven voor allerhande managers met vooral een VVD, PvdA en CDA partijkaart gaan natuurlijk gewoon door. Verworven rechten, nietwaar? En die moeten gegarandeerd worden.

De verworven rechten van gepensioneerden, waarvoor indertijd werknemers en werkgevers hebben betaald, zijn niet zo gegarandeerd. Verschil moet er inderdaad zijn.

Zijn de ontvangers van die bonussen en overmatige salarissen dan zo verschrikkelijk goed in hun werk en zou kwaliteit betaald moeten worden. Deden ze dat vroeger niet net zo goed voor het toen ook al bijzonder goede ambtenarensalaris? Oh, natuurlijk. Verworven rechten. Aangezien ze daarmee tot de groep van schatrijke Nederlanders behoren, n.l. de ouderen, zou Dhr. Samsom ten aanzien van hen onmiddellijk aan het nivelleren moeten slaan. Verwacht mag dan ook worden dat ze vanaf dan ook de geneugten van die ouderdom willen ervaren. Dus een incontinentieonderbroek dragen, zelf viagra kopen, zelf dat glijmiddel kopen omdat op die leeftijd de vagina wat droog kan blijven en voor de homoseksuele veelverdieners zelf die Billyboy condooms van Durex kopen. De mogelijkheid bestaat immers dat er een wonder geschiedt en de partner zwanger wordt? Voor het nuttigen van de maaltijd ook zelf die rubberen vork kopen omdat op die leeftijd Parkinson kan toeslaan en het knap vervelend is als de punten van de vork door de wang gaan. Ten laatste wordt, om de Samsommiaanse nivellering te voltooien, aangeraden om zelf een bovengebit aan te schaffen en voor de echtgenote een ondergebit, zodat er in elk geval nog samen pinda's gegeten kunnen worden.

Misschien besluiten onze verworven rechten bezitters dan wel dat ze ook maar gebruik moeten maken van dat Nederlandse equivalent van Adolfs Operatie T4. Want waardig oud worden is als begrip inmiddels verdwenen in de nevelen des tijds. En die tijd wordt gekenmerkt door lieden die alleen voor hun eigen verworven rechten pal staan. Namelijk politici.

En dat soort schuim, dat naar goed gebruik altijd boven komt drijven, is niet goed voor het Nederlandse volk.

Zijne Majesteit zal daar ongetwijfeld aan denken als hij terugdenkt aan die gedenkwaardige 30 april 2013 en de door hem afgelegde eed.

De Kalkpot

POLITIEKE BANKIERS

. . . dat Dhr. Rutte, premier van Nederland, ongetwijfeld op de hoogte is van de mening van de chef der Anglo-Irish Bank David Drumme. Zo niet, dan kan de diagnose Oost-Indisch Doof, Blind en Analfabeet zonder moeite gesteld worden. Tevens kan dan gesteld worden dat Dhr. Rutte niet alleen grove nalatigheid verweten worden waar het de belangen van het Nederlandse volk betreft, maar ook misdadige nalatigheid waar het de vervolging van ordinaire misdadigers betreft. Maar dat laatste zal Zijne Majesteit ongetwijfeld al bekend zijn. De Nederlandse bevolking heeft financieel zwaar moeten boeten voor de hulp aan wat geen banken maar internationale oplichtersorganisaties genoemd moeten worden. Dit dank zij beslissingen die genomen werden door de Europese Centrale Bank, het Internationaal Monetair Fonds en de Nederlandse- en Duitse regeringen die daar kennelijk met genoegen aan hebben meegewerkt. David Drumme noemde in telefoongesprekken, gevoerd in de periode dat de bank aanstalten maakte om de Europese belastingbetaler te laten opdraaien voor het ontstellend slechte management dat werd gevoerd, onze gewaardeerde oosterburen 'Scheiss Deutschers'. Aangezien de Nederlandse belastingbetaler eveneens aan de 'redding' van die bank mocht meebetalen, zal hij daar ongetwijfeld tevens bij gedacht hebben: 'Scheiss Cloggies". Door zijn gesprekspartner werd gevraagd of de Anglo-Irish Bank de verkregen bedragen ooit zou terugbetalen. Zijn antwoord was typisch des Bankiers: "Zie je mijn onderbroek al afzakken?" Het verbazingwekkende van de hele gebeurtenis is wel, dat lieden die geacht worden experts te zijn op financieel gebied zoals de top van het IMF, de top van de ECB, de minister van financiën van Duitsland, Dhr. Schauble EN Dhr. Dijsselbloem met entourage zich zo gemakkelijk lieten bedriegen. Of was er misschien opzet in het spel en kan het financieel uitkleden van de burgers van beide landen een doorgestoken kaart geweest zijn. Dat moet haast wel, want een Engelse uitdrukking om de zakelijke mentaliteit van Nederlanders te beschrijven luidt als volgt: Een Nederlander is iemand die iets koopt van een Jood, verkoopt aan een Schot en dan toch nog winst maakt. Die vaardigheid duidt op een bijzonder financieel inzicht. Als dat bij de leden van de Nederlandse regering ontbrak, dan horen ze dus niet thuis in de thans door hen bezette zetels. Als ze die vaardigheid wel bezitten, dan is er ordinair bedrog gepleegd waar door de regering Rutte aan is meegewerkt.

Nu hebben opeenvolgende Nederlandse regeringen sinds 1999 allemaal getoond niet over de noodzakelijke financiële inzichten te beschikken om zich met succes te handhaven in dat wazige wereldje van politieke fraudeurs, oplichters, onderkruipers en andere financiële naaktslakken. De Griek Papandreou is het sprekende voorbeeld van zo'n griezel. Alleen al de gedachte dat de familie Papandreou, nog wel van dezelfde politieke richting als de nivellerende PvdA'er Samsom, gedurende zijn politieke carrière een bezit van 500 miljoen Euro bij elkaar kon verdienen dat thans op een Zwitserse bankrekening staat, roept honderden vraagtekens op. Dat de man nog steeds niet wordt vervolgd voor het aan de EU verschaffen van frauduleuze cijfers om het Griekenland mogelijk te maken zich aan te sluiten bij de Eurogroep, roept duizenden vraagtekens op.

Om een vraag voor zo'n vraagteken te zetten: Worden politici niet gestraft voor gepleegde misdrijven? Kennelijk niet. Noch Papandreou, noch David Drumme en vele Europese collega's die hun weg vinden in het onsmakelijke wereldje van politiek geïnspireerde multinationals of, om het gemakkelijker te maken, multinational geïnspireerde politici. Een open vraag is, of de gemiddelde Nederlander wel wil dat Nederland, zijn economie en het welzijn van zijn bevolking via Nederlandse politici beïnvloed worden door dergelijke ordinaire misdadigers. Een referendum ter zake zou wel eens een voor die Nederlandse politici ongewenst resultaat kunnen hebben.

Zijne Majesteit zal daar ongetwijfeld aan denken als hij terugdenkt aan die gedenkwaardige 30 april 2013 en de door hem afgelegde eed.

De Kalkpot

CONVENIEREND SEPONEREN

. . .dat sinds 2008 het Openbaar Ministerie er de onaangename gewoonte op na houdt om strafzaken te seponeren omdat bijvoorbeeld de staatsveiligheid of buitenlandse betrekkingen in het geding zouden komen. Of het OM denkt met een zogenoemd sepot in het landsbelang maatschappelijke onrust te voorkomen. Dat wil niet zeggen dat de verdachte geen strafbaar feit heeft begaan, de verdachte wordt alleen niet vervolgd. Het Openbaar Ministerie wordt niet geacht zich bezig te houden met politiek en zal bij de beslissingen tot sepot van een strafzaak (onderzoek naar een gepleegd misdrijf dus) geen rekening houden met de mening van de plaatselijke sanitaire faciliteiten inspectrice. Ook is het niet zijn taak om, indien blijkt dat het gepleegde misdrijf een staatsveiligheidszaak of het beschermen van een buitenlands politicus betreft, zelfstandig te beslissen over de vraag of er al dan niet vervolgd moet worden. Het enige orgaan dat overigens invloed uit kan oefenen op die beslissing zou Zijne Majesteits regering kunnen zijn. En gezien de sepots zich vooral sinds 2008 voordoen, betreft dit de premiers Balkenende (CDA) en Rutte (VVD. De vraag rijst onmiddellijk welke organisaties of personen door hen beschermd moeten worden. Betreft het staatsveiligheid, dan moet geconcludeerd worden dat de organisaties die zich daarmee bezig houden, straffeloos misdrijven mogen plegen. Een niet al te prettige gedachte voor 80% van de Nederlanders die zich aan de wetten houden en niet in het nieuws komen als misdadigers, artiesten of politici. Betreft het buitenlandse personen, waarbij uiteraard onmiddellijk gedacht wordt aan bevriende staatshoofden die in Nederland vervolgd zouden kunnen worden wegens misdrijven gericht tegen Nederland als natie of tegen zijn bevolking of individuen daarvan? Politici zoals de Belgische ex-premier Verhofstadt die als premier in de eerste jaren van zijn premierschap belangrijk onroerend goed liet verkopen op basis van 'sale and lease back' aan een belangrijke Nederlandse investeerder in onroerend goed, wat hem 800 miljoen Euro opbracht om aan de budgeteisen van de EU te voldoen en het Belgische volk 3,2 miljard over 20 jaar kost om de lease te betalen? Hierbij zouden door het Belgische Openbaar Ministerie twee Luxemburgse zakenlieden, die betrokken waren bij die sale and lease back operaties, worden vervolgd wegens corruptie en/of fraude, welke vervolging echter vrijwel onmiddellijk werd gestaakt. Deze ex-premier werd echter wel door de VVD'er Nijpels in zijn kwaliteit als directeur van het Algemeen Burgerlijk Pensioenfonds, zijnde een belangrijke investeerder in onroerend goed, triomfantelijk binnen gehaald als adviseur. Dit uiteraard tegen een, het zij gezegd, ongetwijfeld vorstelijke vergoeding. Natuurlijk is het sepot van een onderzoek tegen deze gang van zaken, indien het Nederlandse Openbaar Ministerie al een onderzoek was gestart, onvermijdelijk. Het zou de betrekkingen met het buurland België immers kunnen schaden. De vraag is echter ook hoe binnenlandse autoriteiten of buitenlandse staatshoofden enige druk kunnen uitoefenen op een Nederlandse regering om het Openbaar Ministerie ertoe te brengen om een stafzaak te seponeren op eerder genoemde gronden. Kunnen ze dat, dat hebben die achtereenvolgende Nederlandse regeringen of individuele politici feiten gepleegd die naar de mening van de Nederlandse bevolking verfoeibaar zijn.

Gezien het feit dat deze sepots in 2012 twaalf maal voorkwamen met als motivatie het 'landsbelang', zou het niet de minste moeite moeten kosten om de volksvertegenwoordiging ter zake in te lichten. Die volksvertegenwoordiging is uiteindelijk verantwoording verschuldigd aan de Nederlandse bevolking. En die bevolking heeft het recht om te weten waarom in sommige gevallen niet iedereen gelijk is voor de wet of, om het met artikel 1 van de taakomschrijving der Koninklijke Marechaussee te zeggen: De Marechaussee treedt op zonder aanziens des persoons. Zijne Majesteit zal dit, als Brigadegeneraal der Koninklijke Marechaussee en daarmee automatisch Hulpofficier van Justitie, ongetwijfeld weten. Hij zal dan ook weten dat het blazoen der Koninklijke Marechaussee het opschrift draagt: "ZONDER VREES EN ZONDER BLAAM".

De twaalf sepots in 2012 in aanmerking genomen, kent de premier van Nederland, de VVD'er Rutte, noch artikel 1 van die taakomschrijving, noch het opschrift op dat blazoen. Misschien komt dit nog als hij ooit een brigade wordt binnengevoerd als verdachte van een misdrijf in 'landsbelang'.

Een misselijkmakende gedachte.

Zijne Majesteit zal daar ongetwijfeld aan denken als hij terugdenkt aan die gedenkwaardige 30 april 2013 en de door hem afgelegde eed.

De Kalkpot

DE KONINKRIJKSAFBREKER

. . .dat de premier van Nederland, de VVD'er Rutte, er een wel zeer eigenaardige mening op na houdt waar het de wensen en noden van de Nederlanders op de Antillen betreft. En een wel heel eigenaardige mening heeft over de vraag wat de Nederlanders op de Antillen, ongeacht wat de status van de verschillende eilanden op dit moment is, over hun plaats in het koninkrijksverband denken en wie hun staatshoofd zou moeten zijn.

De relatie van Nederland met de Antillen is een lange en interessante en varieerde van wat niet meer dan een wingewest annex steunpunt van de Verenigde West-Indische Compagnie was tot thans gedeeltelijk een deel van Nederland en gedeeltelijk een gemenebest. Het kenmerkende van de relatie is vooral het feit dat Zijne majesteit het staatshoofd is van alle delen van het Koninkrijk. Ook Nederlanders die toevallig tot andere rassen behoren, zijn Nederlanders. Zouden ze naar Nederland komen, dan mogen ze zich rustig Hollanders noemen als ze dat aanspreekt. Maar het belangrijkste is dat ze, met mij, Nederlanders zijn. Zo heb ik ze van mijn vroegste jeugd gezien. En zo heb ik ze ook mogen ervaren bij mijn bezoeken aan de Antillen. We hadden, hoe onze culturen, talen en levensopvattingen ook mogen verschillen, een ding gemeen. We waren Nederlanders en hadden de Koningin. En thans een Koning. De plaats van de Antillen binnen het Koninkrijk is een zeer traditionele. Vele jonge Antillianen vervulden hun dienstplicht bij de Koninklijke Marine. Vele Antillianen die de verhuizing naar Nederland maakten voor opleiding of werk zijn plotseling allochtonen die maar moeten kiezen of ze wel of geen Nederlander willen zijn? De Nederlandse geschiedenis staat bol van Nederlanders die uit de voormalige koloniën kwamen en naadloos opgingen in de samenleving. En dan probeert een premier van een deel van het Koninkrijk Zijne Majesteit van een deel van zijn onderdanen te ontdoen door te suggereren dat ze ongewenst zijn? Hebben ze dan niet domweg het recht om Nederlander te zijn? Hebben in Nederland geboren Nederlanders niet het recht om, wanneer ze dat wensen, naar een ander deel van het Koninkrijk te gaan en daar te leven tussen Nederlanders die daar toevallig geboren zijn?

Zijn er culturele verschillen? Ongetwijfeld. Geboren worden en opgroeien in de bries van de Passaat, andere voedingsmiddelen gebruiken, een andere taal spreken en zich geen zorgen hoeven maken over de steeds maar stijgende brandstofprijzen om het huis 's winters te verwarmen is echt iets anders dan geboren worden onder de rook van Pernis, zwemmen in vervuilde wateren of noodgedwongen naar het zwembad gaan, voedsel eten dat zoveel E-toevoegingen heeft dat Hitler het gebruik ervan aan Joden zou ontzeggen op grond van gezondheidsrisico's en je wel zorgen moeten maken over die brandstofprijzen. Maar één stukje geschiedenis en cultuur hebben we gemeen. We zijn allemaal onderdanen van Zijne Majesteit.

De VVD'er Rutte zal bij zijn toespraakje, gericht aan de Antillianen, ongetwijfeld gedacht hebben aan besparingen. Misschien ook aan de corruptie op enkele eilanden die heerst onder politici. Dan mag hij bedenken dat elders in het Koninkrijk ook streken zijn die financiële hulp nodig hebben. Wil hij die dan ook mededelen dat een telefoontje voldoende is om het betreffende gebied van de Koninkrijksstatus af te helpen? Friesland misschien? Of Drente? Maakt Overijssel een kansje? Limburg en Brabant die hun geluk bij Vlaanderen mogen zoeken? Misschien wordt het wel knus in de Koninklijke stadstaat Den Haag. Of is het meer de corruptie die een rol speelde? Misschien wil de VVD'er Rutte bedenken dat imitatie het beste compliment is. En dat compliment krijgt hij van een aantal Nederlanders die in een ander deel van het

Koninkrijk wonen en bijzonder goede leerlingen zijn geweest van de heersende politieke cultuur in Den Haag.

De VVD'er Rutte kan, als politieke passant, echter niet de rol op zich nemen van Koningsmaker of Koninkrijksafbreker. Dat doen de volkeren van het Koninkrijk zelf. Indien gewenst. En die wens bestaat niet.

Zijne Majesteit zal daar ongetwijfeld aan denken als hij terugdenkt aan die gedenkwaardige 30 april 2013 en de door hem afgelegde eed

De Kalkpot

DE NIEUWE ADEL

. . .dat er in Zijn Koninkrijk een nieuw soort adel bestaat waarvan de leden echter nooit een adelbrief van hem hebben gehad. Dat is dan dus zelfbenoemde adel, hoewel ze zich liever niet als zodanig genoemd willen horen. Deze zelfbenoemde adel, als is het maar in gedrag, noemt zich liever politici. Veel verschil met de adel uit de middeleeuwen bestaat er echter niet. De adel van toen kreeg zijn adelbrief van een keizer, Koning of reeds bestaande hogere adel en dat leverde hen het gezag op om een bepaald gebied te besturen. Gezien het feit dat de Middeleeuwen zich vooral kenmerkten door de afwezigheid van enige vorm van democratie of inspraak, was de bevolking voor zijn veiligheid en welvaart volledig aangewezen op die adel. Een wijze adellijke zorgde er, al was het maar uit eigenbelang, voor dat de rust, orde en veiligheid binnen zijn bevoegdheidsgebied gewaarborgd werd. Aangezien zijn territoir inderdaad grotendeels zijn bezit was, waren de heffingen op zijn pachters, de eventuele poort- en marktrechten altijd redelijk. Voorts had hij een gevoelig oor voor eventuele klachten van zijn poorters, pachters en, inderdaad, lijfeigenen. Hoewel niet veel meer dan slaven, bestond wel de mogelijkheid dat deze laatsten zich aan de druk van hun bestaan onttrokken en een bestaan als struikrover verkozen, waarmee ze zich als verwekkers van nieuwe lijfeigenen aan die belangrijke taak onttrokken. Het enige wat een goede adellijke kon worden verweten, de slechte trouwens ook, was hun 'droit du seigneur'. Dit hield niet meer in dan dat hij persoonlijk, na het sluiten van een huwelijk van zijn onderhorigen, controleerde of de betrokken bruid nog wel maagd was. Aangezien het beroep van gynaecoloog nog niet uitgevonden was, kon hij die taak niet delegeren. Dus gebeurde dit nog op de aloude manier, waarbij we mogen hopen dat zo'n ervaren controleur van maagdelijkheid niet al te wild me de ongelukkige bruid omging. Eveneens mogen we hopen dat, bij gebrek aan moderne voorbehoedsmiddelen, de ongelukkige bruid niet juist in haar vruchtbare periode zat. En, gelukkig voor hem, kon hij zelf beslissen of hij van dat recht gebruik wilde maken. Het bespaarde hem die moeite als een dame van 120 kilo, een bruid vol jeugdpuistjes of de bekende "zo'n lelijke met verstand" van Herman van Veen de weg naar het altaar aflegde. Nodeloos om te vermelden dat bij een gebied met een groot aantal inwoners, en dus vele huwelijken, de geachte adellijke ook regelmatig de keus moest maken van wel of geen controle op de maagdelijke staat. Zou die keuzevrijheid niet hebben bestaan, dan moest elke adellijke wel dagelijks met zijn tong op zijn schoenen lopen vanwege de verplichte inspanning.

Gesteld kan echter worden dat de adel, afgezien van enkele onderlinge oorlogjes, zijn have, goed en bevolking over het algemeen behoorlijk bestuurde. Adellijken die het belang van hun eigen bevolking niet nauwgezet in het oog hielden, liepen het risico van opstand, migratie of ingrijpen van de leenheer. Een ding deden ze niet. Dat was in discussie gaan met hun poorters, pachters en lijfeigenen.

De zelfbenoemde adel van deze tijd zou in feite veel kunnen leren van die feodale adel. Hun adeldom wordt verkregen door zich aanvankelijk voor te doen als bedelaars. Ze bedelen namelijk om stemmen, praten honderduit met hun eventuele kiezers of, zo U wilt, adeldomverleners en schetsen een zo eerzaam en adellijk beeld van zichzelf dat zelfs Karel de Grote er ingetuind zou zijn. Zodra echter de kiezer zijn keus heeft gemaakt, is het afgelopen met dat 'honderduit praten en flatterende beelden van zichzelf schetsen'. Praten doe je nu eenmaal niet met je poorters, pachters en lijfeigenen en schetsen wordt met de pen gedaan. En dan hoofdzakelijk het schetsen van een fraaie handtekening onder declaraties, wetsontwerpen die voorzien in een hogere pensioenregeling, een hogere onkostenvergoeding en een betere wachtgeldregeling voor het geval de poorters, pachters en lijfeigenen zich na vier jaar bedrogen voelen. De enige schets die de publiciteit echter haalt is het van soort dat de Volkspartij voor Vrijheid en Democratie regelmatig produceert. En dat is die om te bewijzen dat dit een zeer integere partij is.

Het 'Droit du Seigneur' bestaat voor deze moderne adel gelukkig niet meer. De activiteit op zich uiteraard wel en zelfs figuurlijk. Vandaar dat een aantal van hen oren heeft waar de steken van de hechtingen, toegebracht door hun mede-nieuwe-adellijken, nog in zichtbaar zijn.

Voor een deel van de nog bestaande adel echter nog wel, zoals de Koning van Zweden, Carl Gustav, de Koning van Spanje, Juan Carlos en de ex-Belgische Koning Albeeer le deuxime bewezen. De twee eerste zullen ongetwijfeld teleurgesteld zijn geweest in de maagdelijke status van hun controleobjecten en de laatste deed er achttien jaar over om er slechts een te controleren.

Gesteld kan worden dat de nieuwe adel in vergelijking met de oude, en dan bedoel ik die feodale, niet echt veel zaaks is. De conveniërende eigenschappen heeft die nieuwe adel overgenomen en datgene wat minder aantrekkelijk was, is nadrukkelijk onder het spreekwoordelijke tapijt geschoven.

Ware dat niet het geval, dan zou een bepaalde groepering 'jongeren', die bij het veroorzaken van problemen aan hun opponenten vragen 'of dit land alleen van jullie is' en die opponent vervolgens bewusteloos slaan, gevierendeeld of geradbraakt worden of mogelijkerwijs met een paar ketenen aan de muur van een kelder worden opgehangen om te leren dat het veroorzaken van problemen een dergelijke maatregel gebiedt.

Recht, orde en naleving van de wetten is de basis voor een ordelijk land, geleid door een van feodale adel afkomstige Koninklijke familie die met het volk door de eeuwen is meegegroeid in een nieuwe tijd waarin helaas die ketenen en kelder ontbreken om die nieuwe adel te leren dat Recht, Orde en het naleven van de wetgeving de basis is voor een ordelijk en veilig land.

Zijne majesteit zal daar ongetwijfeld aan denken als hij terugdenkt aan die gedenkwaardige 30 april 2013 en de door hem afgelegde eed.

De Kalkpot

KONINKLIJKE ZEDEN

. . .dat er staatshoofden en politici zijn die er nogal losse zeden op na houden? Nu is dat echt geen nieuws waar de gemiddelde burger wakker van ligt. Vooral niet als het buitenlandse staatshoofden en politici betreft. Het enige wat we ervan zeggen kunnen is, dat het onprettig over komt als onze politici of Zijne majesteit zich met die lieden moeten afgeven. Tenzij die buitenlandse politici of staatshoofden invloed op het wel en wee van Zijne Majesteits onderdanen kunnen uitoefenen of door grenzeloze lafheid, zich beroepend op de wetgeving van het betreffende land, niets ondernemen om aan die onderdanen recht te doen geschieden. Als treffend voorbeeld mogen we de voormalige Koning van België, Albér nummer 2, bezien. De man wordt in kennis gesteld van het opzettelijk onthouden van juridische bijstand aan één van Zijne Majesteits onderdanen, hetgeen in strijd is met het verdrag voor de rechten van de Mens, en doet bij diens verzoek om interventie struikelend onmiddellijk drie passen terug. Hij kon ook niet anders in verband met het heuglijke feit dat hij voor zijn nazaten van de regering Verhofstadt aanzienlijke dotaties had weten los te praten. En bijten naar de hand die je voedt is natuurlijk uit den boze. Het is mogelijk dat Neerlands premier, de VVD'er Rutte, bij Albér nummer 2 in de leer is geweest waar dit het toepassen van mensenrechten betreft. Dit gezien zijn bizarre visie op deze materie. Maar kan dit gebrek aan moraal Albér nummer 2 verweten worden? Bezien in het licht van zijn nogal onsmakelijke verleden zeker niet. Hij meende namelijk dat een dotatie voor zijn vermeende bastaarddochter Delphine Boël niet noodzakelijk was. Albér enz. deed in de jaren '50 tot '70 iets dat regelmatig gezien wordt tijdens een avondwandeling. Een teefje en een reu ontmoeten elkaar op de stoep en er wordt even aan elkaars snuit gesnuffeld.

Vervolgens wordt er even onder elkaars staart gesnuffeld en het klikt. Het teefje keert zich om en, afhankelijk van haar politieke voorkeur, zwaait ze haar staart naar links of rechts en de altijd tot een dienst bereid zijnde reu bedient haar op haar wensen. Albér enz. deed ongeveer hetzelfde, zij het niet op de stoep. Hij snuffelde een keer aan de echtgenote van een baron en besloot dat die smakelijker rook dan zijn eigen ongelukkige echtgenote. Dat gesnuffel zou, volgens de barones, 20 jaar hebben geduurd. Men kan zich afvragen hoe zijn echtgenote, de toenmalige prinses Paola, hier op heeft gereageerd. Zeer denkbaar is dat ze zich allereerst afvroeg, dit gezien de nogal immorele aard van de gedragingen van de barones, of Albér zoénzo wel veilige seks bedreven had. Vervolgens zal ze ongetwijfeld naar de hofdokter zijn gestapt met het verzoek om te controleren of ze geen chlamydia, gonorroe, syfilis of een forse sjanker had opgelopen dank zij de uitspattingen van de lieve echtgenoot. Daarna zal ze, als trotse Italiaanse, besloten hebben dat als hij seks wenste, hij dat bij de barones kon blijven zoeken hetzij lid kon worden van ruk- en trekvereniging Het Lamme Klauwtje. Dit lijkt een ver-van-ons-bed show die op hetzelfde niveau ligt als de erotische avonturen van Koning Jan Karel van Spanje en Karel Guus van Zweden. Over de heimelijke Moslim Mitterant van Frankrijk zwijgen we maar en van Willem Clinton willen we zeker niets slechts horen.

En plotseling worden we geconfronteerd met eenzelfde soort gedrag binnen de groep van politici die door Zijne Majesteits onderdanen gekozen werden. En dan nog wel van de enige echte socialist. Honderden vragen schieten ons door het hoofd waarvan de belangrijkste zijn: Hoe lang duurde het voor zijn echtgenote en producente van zijn twee kinderen het te weten kwam en waar werden de snode feiten begaan. De eerste vraag is betrekkelijk gemakkelijk te beantwoorden. Bij overspel weet de hele wereld, van Fotchdorf in het noorden van Duitsland tot Cuntvillage nabij Capetown, wat er gaande is. Behalve de bedrogen echtgenote. Die hoort het als laatste en zal zich onmiddellijk afvragen of ze niet het voorbeeld van de echtgenote van Albér de snuffelaar moet volgen en de gebruikelijke serie medische tests moet ondergaan om te zien waar echtgenootlief haar mee heeft opgezadeld. Want haar tweede overweging zal zijn dat hij mogelijkerwijs onder veel andere denkbeeldige staarten heeft gesnuffeld.

De tweede vraag is iets moeilijker te beantwoorden, maar een gokje in deze is op zijn plaats. Het zal de archiefruimte in de kantoren van de PvdAS (Partij van de Allochtonen en Staartensnuffelaars zijn geweest. De reden ligt voor de hand. Een archief is per definitie een stoffige ruimte waarin een politieke partij al zijn niet in ingeloste verkiezingsbeloften en brieven van woedende en teleurgestelde kiezers bewaart. Dus Truus van Hiernaast keek Rooie Kale een keer smachtend aan, schudde een keer met de mammae en zei dat ze even naar het archief moet. Even later volgde Rooie Kale dat voorbeeld na een keer behoedzaam om zich heen gekeken te hebben. Behalve het pas aangeworven wicht van 18 jaar, dat die baan uitsluitend kreeg omdat ze de dochter is van een belangrijk partijlid, lette niemand op Rooie Kale. Schielijk verdween hij in het archief, waar Truus van Hiernaast vurig naast een oude stoel op hem wachtte. Na een korte uitwisseling van smachtende verlangens keerde Rooie Kale Truus om, zette haar op haar knieën en handen, gooide haar rok over haar schouders en deed dat, wat elke reu op het Waterlooplein en Jimmy Chimp in Artis met fluitend gemak voor elkaar krijgen. Rooie Kale niet. Maar toen het na een hoop pijnlijk geduw en getrek eindelijk wel lukte, was de daad van smachtend verlangen ook in minder dan 30 seconden verricht. Nahijgend veegde hij het wapen van de misdaad aan de prachtige satijnen voering van Truus' rok af en zei geschokt:"Als ik geweten had dat je nog maagd was, dan was ik wel voorzichtiger geweest." Haar antwoord:"Als ik wist dat je zo'n haast had, dan had ik mijn panty met versterkt kruisje vooraf uitgetrokken." Na een liefdevol knikje verdween Rooie Kale en verliet het archief. Truus was wat minder gelukkig. Ze realiseerde zich dat haar inlegkruisjes en reservepanty op kantoor lagen en keek om zich heen naar vervanging. Die vond ze in de vorm van een oude krant. Even later verscheen ze weer op kantoor. Het lopen ging enigszins wijdbeens zoals een echte zeeman loopt. Ze nam zich voor om bij een volgend treffen niet zo vergeetachtig te zijn en in elk geval een inlegkruisje in de zak van haar rok te stoppen. Helaas was ze dat wel. Net zoals ze blijvend vergat dat Rooie Kale een echtgenote en kinderen had, zodat ze met haar tengels van hem af moest blijven. Het 18-jarige wicht keek haar bij haar terugkomst op kantoor kritisch aan. De volgende dag herhaalde zich het tafereel, waarbij opgemerkt moge worden dat er reeds een gat in de panty en het onderbroekje zaten zodat Rooie Kale een perfecte imitatie van reu en Jimmy Chimp van Gods gebod "Ga en vermenigvuldig U" kon weergeven. De tweede helft van die oude krant deed uitstekend dienst en zonder gedruppel bereikte Truus haar bureau. Aan het einde van de week begon de satijnen voering van haar rok bedenkelijk te kraken, beheerste ze de zeemansgang tot in de perfectie en kon zo aanmonsteren op elk type schip. Toen Rooie Kale die vrijdag aan het 18-jarige wicht vroeg waar juffrouw Van Hiernaast was, kreeg hij als antwoord:"In het archief. Met een stapel ouwe kranten." In het antwoord klonk een combinatie van spot en weerzin door. Nu zijn spot, weerzin, afkeer en walging begrippen die geen politicus zou herkennen. Als zouden ze in pakken opgestapeld in de supermarkt liggen. Rooie Kale dus ook niet.

Het bovenstaande scenario als zodanig kan al dan niet hebben plaatsgevonden, maar geeft een treffend beeld van eerlijkheid en trouw weer, welke bij politici ook niet tot nauwelijks te vinden is. Als je genoeg hebt van je echtgenoot(e) is het eerlijk om dat te zeggen en haar/hem te verlaten. Vervolgens ga je al dan niet op zoek naar een nieuwe. Het vinden van een nieuwe staart zou dezelfde reactie teweeg moeten brengen. Dat is eerlijk. Oneerlijk is, eerst je eigen nieuwe situatie consolideren en vervolgens de oude beëindigen en je partner voor een voldongen feit stellen. Eerlijk is, je kleverige toekomstige minnaar vertellen dat hij zijn broek gesloten kan houden tot hij zo eerlijk is geweest zijn echtgenote te vertellen dat hij een nieuwe denkbeeldige staart heeft gevonden. Oneerlijk is, die minnaar de dure satijnen voering van je rok te laten kraken en dat te laten doen tot de feiten toch aan de oppervlakte komen en de halve wereld van Fotchdorf tot Cuntvillage zich inmiddels rot hebben gelachen.

Voor Jimmy Chimp in Artis zijn die feiten heel normaal. Voor Nederlandse politici kennelijk ook. Het geeft ook uitstekend de begrippen integriteit, eerlijkheid en trouw weer zoals politici die in het algemeen zien. De VVD zal dat zeker beamen.

Zijne Majesteit zal mogelijkerwijs wat moeite hebben, indien hij betrokkene bij een volgende ontmoeting de hand moet schudden, om de aandrang te onderdrukken zich onmiddellijk voor een half uur terug te trekken teneinde zijn hand met een sterk antisepticum te reinigen en daarna enige tijd in gealcoholiseerd rozenwater te dompelen. Misschien besluit hij wel dat betrokkene door de Marechaussee aan het toegangshek, die als herinnering aan de goede oude tijd, toen de leden van Het Wapen nog patrouilleerden op een vervoermiddel met een hooimotor met zweepslagontsteking, de geërfde zweep van zijn overgrootvader uit het wachthokje haalt en van het paleisdomein laat afranselen.

Zijne majesteit zal daar ongetwijfeld aan denken als hij terugdenkt aan die gedenkwaardige 30 April 2013 en de door hem afgelegde eed.

De kalkpot

BEZUINIGEN

. . .de Nederlandse regeringsleiders al sinds jaar en dag de gewoonte hebben om ten volke, Uw volk dus, te verkondigen dat er bezuinigd moet worden om de staatsschuld onder controle te krijgen en dat dit gepaard zal gaan met voor die bevolking merkbaar gevoelige maatregelen ofwel wordt de goegemeente verteld dat er maatregelen genomen moeten worden die pijn doen:" Om te beginnen met het op orde brengen van de overheidsfinanciën."

Dan rijst allereerst de vraag wie van die overheidsfinanciën een rotzootje heeft of hebben gemaakt. Het kabinet Kok misschien? Heel goed mogelijk. De uitvinder van het "Kwartje van Kok", waarvan de inning zo graag door de daaropvolgende kabinetten werd gecontinueerd voor "het op orde brengen van het financiële staatshuishouden", was een socialist. En die staan er in alle EU-landen om bekend dat er van dat huishouden een rotzooitje mag worden gemaakt. De kabinetten Balkenende misschien? Maar die gebruikte toch nog steeds dat fabuleuze tijdelijke kwartje? Het kabinet van de VVD'er Rutte misschien? Of die hele zwerm Nederlandse politici bij elkaar misschien gedurende jaren?

Was het Dhr. Kok, dan zou Dhr. Balkenende, in Belgie bekend als Harry Potter-met-kruideniersmentaliteit hebben moeten opruimen. Was het Dhr. Balkenende, in Nederland bekend van de stelling dat na het zuur het zoet komt, dan zou Rutte het in zijn eerste kabinetsperiode hebben moeten opruimen. Was het Rutte, dan zou hij thans, als financiële chaosschepper thans helemaal geen premier moeten zijn. Maar dat er inderdaad een financieel rommeltje van het Nederlandse financiële staatshuishouden is gemaakt gedurende de afgelopen 20 jaar is door het griezelige proza van al deze leden van de nieuwe nep-adel wel duidelijk geworden.

Dhr. Rutte somt een hele reeks maatregelen op die 'pijn doen'. Hij komt dus met een wollige beschrijving van wat er allemaal moet gebeuren, dat hij dat helemaal niet wil maar gedwongen wordt door samenwerking met Dhr, Samsoms allochtonenpartij 'in het landsbelang', dat al die maatregelen pas ingaan in 2014 en dat al die maatregelen nog 'nader uitgewerkt' moeten worden.

Dat nadere uitwerken is in hoog tempo gebeurd en intussen zijn die maatregelen al genomen, zoals elke rijke oudere, die thans als troost op zijn staafje zoethout mag kauwen, heeft ervaren.

Een prettige bijkomstigheid van die maatregelen is, dat de staatsschuld in snel tempo afneemt. Tenzij Dhr. Rutte glashard aan het liegen is en EUROSTAT gelijk heeft met de mededeling dat de Nederlandse staatsschuld is in het eerste kwartaal gestegen tot 72 procent van het bruto binnenlands product (bbp) en dat de staatsschuld daarmee flink hoger lag dan een jaar eerder. In het eerste kwartaal van 2012 bedroeg de schuldenlast 66,7 procent van het bbp.

Dus eindelijk heeft Zijne Majesteit een duidelijk zichtbare dader, die schuld draagt aan de stijgende staatsschuld. De Nederlandse bevolking heeft die thans ook.

Om zo duidelijk te zijn als binnen de grenzen van Kalkpots dementie maar mogelijk is: De dader van de huidige financiële ellende in Nederland heet Mark Rutte, is lid van de Volkspartij voor Vlessetrekkerij en politieke Dooddoenertjes(VVD).

Men kan stellen dat na het zuur van Dhr. Balkenende thans het zoutzuur van de VVD'er Rutte wordt toegediend.

En dit soort lieden wordt door Zijne Majesteit beëdigd in hun functie en daar zelfs in gelaten? Zelfs als het besturend onvermogen van deze lieden door henzelf bewezen wordt?

Terzijde mag ook worden opgemerkt dat de VVD'er Rutte gewoon liegt als hij beweert dat de pensioen, betaald door het ABP slechts een fractie zullen dalen. Sedert 2008 wordt er geen inflatiecorrectie toegepast, waardoor die pensioenen er zo'n 10% op achteruit zijn gegaan.

Voor de bevolking zijn deze leugens wel zeer pijnlijk. Zowel financieel als moreel.

En het geeft uitstekend aan waarom de Volkspartij voor Vlessetrekkerij en Dooddoenertjes zich zoveel moeite getroost om aan te tonen dat ze integer is. Dat is een rat ook. En die wordt gedood omdat het dier verantwoordelijk is voor de verspreiding van de meest schrikbarende ziektes. Vergelijkenderwijs zou er een equivalent van rattengif moeten bestaan dat de economische ziekte verspreider VVD uitschakelt.

Zijne majesteit zal daar ongetwijfeld aan denken als hij terugdenkt aan die gedenkwaardige 30 april 2013 en de door hem afgelegde eed.

De Kalkpot

RECHTENLOOSHEID

. . .dat hij als Koning der Nederlanden het staatshoofd is van een land dat langzaam afglijdt naar een situatie waar zijn onderdanen zich in vele opzichten rechteloos kunnen noemen. Het Wetboek van Strafrecht, voortgekomen uit de Franse Code Penal, bestaat al zolang als Nederland een koninkrijk is en voorziet in de bestraffing van hen die de wet overtreden zodra de feiten bewezen zijn en een Rechter vonnis heeft geveld. De achterliggende gedachte bij het ontstaan van wetgeving is die, dat onder geen voorwaarde het in eigen hand nemen van het Recht door slachtoffers van een misdrijf toegestaan kan worden. Het is de Staat die oordeelt en straft.

Een straf kan echter alleen een straf zijn als die als zodanig door de veroordeelde ervaren wordt en hem ervan zal weerhouden in recidive te vervallen. Voor wat betreft het slachtoffer van het gepleegde misdrijf dient die straf zo zwaar te zijn dat zijn rechtsgevoel is bevredigd.

Een ander aspect van een voor het slachtoffer bevredigend rechtsgevoel is, dat eventueel ontstane psychische en/of materiële schade volledig vergoed wordt aan het slachtoffer. Aangezien de Staat aan de burgers het recht ontnomen heeft om als eigen rechter op te treden en daarmee de verantwoording voor diens veiligheid en bezit op zich heeft genomen, zou het logisch zijn als de Staat in eerste instantie zelf die schade vergoedt. Het mag echter niet zo zijn dat voor die schadevergoeding de gehele Nederlandse samenleving moet betalen. De Staat zal die schade dus op de aanrichter ervan moeten verhalen, waartoe de mogelijkheid variëren van dwangarbeid, het in beslag nemen van het bezit van de dader tot, wat mij betreft, het uiteennemen in hoofdgroepen van de dader en de verkoop van die hoofdgroepen aan de ziekenhuizen voor transplantatie doeleinden. Indien dat laatste niet wordt toegepast, wat gezien de procedure mogelijk op enige weerzin bij de bevolking zal stuiten, zal de eerste mogelijkheid de meest aanvaardbare zijn. De tweede mogelijkheid is ongewenst, omdat dit een welgestelde in staat zou stellen misdrijven te plegen, de door hem aangerichte schade te betalen en daarmee zijn verblijf in een strafinrichting te beperken tot uitsluitend de opgelegde straf. Dit zou een rechtsongelijkheid opleveren die zijn weerga niet heeft. Wel zou de staat bij voorbaat zijn bezit, ter waarde van de aangerichte schade, in beslag moeten nemen. De veroordeelde zal dus in een dwangarbeiderinrichting of gevangenis moeten verblijven tot hij de waarde in geld van die schade bij elkaar heeft verdiend. Degene wiens bezit in beslag is genomen zal dan moeten werken tot hij het door de Staat in beslag genomen bezit voor zichzelf weer bij elkaar heeft verdiend.

Zijn verblijf is echter een kostbare zaak. De Nederlandse bevolking hoeft echter niet op te draaien voor de kosten, die voortvloeien uit het misdadige gedrag van betrokkene. Anders zou het in feite de bevolking zijn die moet betalen voor het onvermogen van de Staat om de strafwetgeving af te dwingen. De aanrichter van alle onheil zal dus niet alleen moeten werken om de door zijn misdrijf aangerichte schade te vergoeden, maar ook om zijn verblijf te bekostigen.

Zijne Majesteit zal zich mogelijkerwijze afvragen hoe het in zijn land tot gerechtelijke wantoestanden kon komen, waarbij veroordeelde misdadigers in feite vrijelijk kunnen rondlopen tussen nieuwe toekomstige slachtoffers van zijn hang naar geweld, begeerte naar geld of seksuele bevrediging en daarbij slechts in toom worden gehouden door een elektronisch enkelbandje. Het voldoet in geen geval aan het gevoel van te ondergane straf en geeft de slachtoffers niet het gevoel dat er recht is gedaan. Of zouden de ouders van het om haar mobiele telefoontje en een poging tot verkrachting vermoorde dochtertje, waarvan de oudste dader slechts een jaar jeugddetentie kreeg en de jongste niets, werkelijk het gevoel hebben dat er recht is gedaan?

In de eerste helft van de jaren zeventig, dus toen Zijne Majesteit onbezorgd op het grasveld naast de brug over de slotgracht van Drakensteyn kon spelen onder het toeziend oog van zijn door velen nog steeds betreurde vader en op afstand van een lid van de Koninklijke Marechaussee, besloot het Openbaar Ministerie dat winkeldiefstallen waarvan de waarde onder de Hfl 25,00 lag niet meer vervolgd zouden worden i.v.m. de kosten die aan vervolging ten grondslag lagen. Die golf van winkeldiefstallen waren toen vooral te wijten aan een politieke groepering waarvan, hoe kan het anders, de toenmalige Pacifistisch Socialistische Partij o.l.v. Dhr. Van der Spek, die zijn naam overigens alle eer aandeed, de kern vormde. Die, het zij gezegd, linkse groepering propageerde winkeldiefstal als gerechtvaardigd, moedigde het aan en noemde het 'Proletarisch winkelen'. Al na korte tijd werd het fenomeen als normaal ervaren. Dat dit linkse proletarisch winkelen door de normale klant werd betaald in de vorm van hogere prijzen om de waarde van de gestolen goederen te compenseren werd daarbij door links Nederland op de koop toegenomen. Het is tenslotte een vorm van nivellering die Dhr. Samsom zeker zou bevallen.
Ook vanaf toen begonnen de verschillende regeringen aan een koers om de hoge kosten van het in stand houden van detentie-inrichtingen te verlagen. En wat is daarbij gemakkelijker dan meer geldboetes, kortere gevangenisstraffen en uiteindelijk die enkelband. Dat die regeringen zich mengden in de aangelegenheden van de onafhankelijke Rechterlijke Macht scheen sindsdien voor de leden van de Tweede Kamer, dus het orgaan dat de regering

moet controleren, een zaak die vooral genegeerd moest worden.

Rechtsgevoel, het gevoel dat men veilig in Nederland kan leven, wonen en zich overal in Nederland vrij kan bewegen, bestaat thans niet meer. Thans doet een al oud gezegde opgeldt: "Zorg dat je je nooit bevindt op een plaats waar je een geladen vuurwapen nodig hebt om je veiligheid te verzekeren." Die plaats heeft zich thans uitgebreid tot vrijwel heel Nederland.

De tijd is thans wel aangebroken om de volksvertegenwoordiging bewust te maken van haar taak als controleur van de Nederlandse regering. Maar is ze capabel? Gezien de ontwikkelingen gedurende de laatste decennia is dat sterk te betwijfelen. Toch liggen hier mogelijkheden voor die volksvertegenwoordiging om de kennis en ervaring betreffende bovengenoemde onderwerpen op te doen. En dat is ervaringsdeskundige worden. De procedure daartoe is betrekkelijk eenvoudig.

AbvaKabo FNV-voorzitter Corrie van Brenk, nota bene een figuur uit de links-politieke hoek van Nederland, meende de onveiligheid in Nederland in een interview onder de aandacht van de bevolking te moeten brengen. Niet alleen verrassend, maar ook terecht. Gezien haar leiderscapaciteiten zal ze ongetwijfeld bereid zijn om leiding te geven aan een aantal specialisten in tasjesroof, kopschoppen, aanranden, zakkenrollerij, inbraak en inbraak met geweldpleging en moord en die specialisten los te laten op politici die reeds in de 2^e Kamer zetelen en hen die er vanaf de eerste helft van de jaren zeventig in hebben gezeten. Die zullen dan allen in betrekkelijk korte tijd ervaringsdeskundig zijn en hun taak als Kamerlid beter kunnen uitvoeren.

Hen ervaringsdeskundige maken in de activiteiten als graaien in de schatkist, fraude, machtsmisbruik en corruptie is niet nodig. Dat zijn ze al.

Een betere Kalkpot dan ik zei ooit: "Ik sta liever voor de Rechter wegens het doden van mijn opponent dan dat hij voor de Rechter staat wegens het doden van mij."
Een Staat die niet in staat is Recht te doen aan haar burgers is een Staat die geen recht van bestaan heeft.

Zijne Majesteit zal daar ongetwijfeld aan denken als hij terugdenkt aan die gedenkwaardige 30 april 2013 en de door hem afgelegde eed.

De Kalkpot

ECONOMISCHE MENSENRECHTEN

. . .dat de VVD-premier van Zijn land er ideeën over mensenrechten op na houdt naadloos aansluiten bij die van De Chinese president Xi Jingpin. Ook die huldigt de visie dat mensenrechten de economische samenwerking en goede betrekkingen met andere landen niet in de weg mogen staan. Tenslotte moet er smackers (volgens de Britten), kohle (volgens de Duitsers), bucks (volgens de Amerikanen) en poen (volgens de Nederlanders) worden verdient en dat mag niet in de weg worden gestaan door een stel wereldvreemde komieken of individuen die menen dat er aan die mensenrechten in verschillende landen iets schort. Natuurlijk komen de ideeën over mensenrechten in de wereld niet altijd overeen met de in Nederland geldende ideeën ter zake. Kritiek uiten op de zeer gewaardeerde Kim in Noord Korea, hoe terecht die ook mag zijn, valt niet onder het begrip vrije meningsuiting en kan onaangename repercussies uitlokken waarvan de gevolgen, in verband met onze gevoelige lezers, hier niet kunnen worden beschreven. Geen Nederlandse bewindsman, trouwens ook geen een uit andere landen, zou zonder een scherp weerwoord van de lokale Groot Mogol in een Moslim land kunnen protesteren tegen de nogal drastische straffen voor homo's of lesbiennes. De mogelijkheid bestaat zelfs dat het fenomeen in het betreffende land domweg wordt ontkend. Evenals het bestaan van bruiden die niet in ongerepte staat huwen en jonge mannen die voor het huwelijk seksuele ervaring zouden hebben. Dat laatste zou trouwens best mogelijk kunnen zijn. Moslims die hun geloof met hart en ziel aanhangen, hebben een vrij sterk ontwikkelde rechterhand (tenzij ze linkshandig zijn) en ruk- en trekvereniging "Het Lamme Klauwtje" is een bloeiende vereniging. Dat is geen wonder als men bedenkt dat het hebben van seksuele betrekkingen buiten het huwelijk in, b.v. Saoedi-Arabië, kan eindigen op dezelfde wijze als waarmee de Graven Van Egmont en Hoorne in Brussel wat korter gemaakt werden tijdens de Tachtigjarige Oorlog. Het Verdrag van New York van 1957 staat weliswaar garant voor het mensenrecht om homo of lesbienne te zijn, maar wordt in vele landen toch niet echt serieus genomen. En over ongerepte vrouwen bevat het verdrag geen informatie. We mogen ons trouwens afvragen wat ongerept is. Is dat een dame die nog niet gerept is? Of heeft ze nog niet gerept? Weet ze eigenlijk wel wat reppen is? Bestaat er een werkwoord 'Reppen'? Een bewindsman die deze vragen aan de Koning van Saoedi-Arabië zou stellen kan rekenen op totaal onbegrip.

Dit overigens niet tijdens een bezoek aan Dhr. Putin, bekend van KGB, sportieve poses in de verschillende media en door een Duitse ex-president aangemerkt als 'Lupenreine Demokrat', door Zijne Arrogantie, Dhr. Rutte, bekend van VVD, van verduistering van pensioenfondsen en van het consumeren van space-cake (volgens Dhr. Wilders).

Dhr. Putin verklaarde dat een dergelijke discriminatie in Rusland niet bestond, maar dat wel rekening moest worden gehouden met de gevoelens betreffende dit onderwerp van de Moslims in Rusland. Een andere visie zou 'bloed' betekenen. Zijne Arrogantie toonde zich tevreden met dit antwoord en daarmee verdween het onderwerp van de agenda. Tenslotte moet er ook nog poen, kohle, smackers of bucks verdiend worden. Het bespreken van mensenrechten bestaat al helemaal niet als gebeurd in België ten aanzien van een aldaar wonende Nederlander en gepleegd door Verhofstadt, Leterme en Herman de Verschrikkelijke of wel Dhr. Haiku Herman van Rompuy, bekend van zijn premierschap onder de reppende Koning der Belgen, Albéér II, wiens gerep een nazaat opleverde waaraan men in het grijze verleden de betiteling bastaard gaf. Dan kan Zijne

Arrogantie al helemaal niets zeggen. Althans volgens eigen verklaring. Maar dat komt misschien doordat de spreekbuis vanuit Brussel hem door het achterhoofd is geramd en het mondstuk zichtbaar is tussen zijn lippen.

Het begrip 'mensenrechten' is een fraai gegeven en keurig vastgelegd in verschillende verdragen die ook Nederland heeft ondertekend, maar blijkt in de visie van de VVD een obstakel te zijn voor goede economische betrekkingen en persoonlijke relaties met buitenlandse 'Arroganties' die voorspelbaar voordeel opleveren in de vorm van hoogst interessante en overmatig betaalde functies waarvoor niet meer kennis nodig is dan die, waarover iedere Vlessetrekker, Volksverlakker en Dief beschikt die toevallig in de leer is geweest bij Dhr. Samsom, Toean, Sahib of anderszins van de Partij van de Allochtonen. Dus zoekt de VVD'er Rutte 25 'ongevaarlijke' landen om aldaar het mensenrechtenbegrip aan de man te brengen. Vlug, Veilig en Degelijk. Maar niet erg integer. Net zomin als de partij dat is.

Die visie is volledig in strijd met de Nederlandse volksaard en mores uit het verleden.

Het is dus niet onmogelijk dat een groot deel van de Nederlandse bevolking zich heel gewoon gerept voelt bij het ervaren van de resultaten van haar keuze op deze partijen.

Zijne Majesteit zal daar ongetwijfeld aan denken als hij terugdenkt aan die gedenkwaardige 30 april 2013 en de door hem afgelegde eed.

De Kalkpot

BIJSTANDSFRAUDE

. . .dat er in zijn koninkrijk onderdanen leven die bijstandsfraude plegen? Zo nee, dan moet het voor Zijne Majesteit een schok geweest zijn om dit miserabele feit te vernemen. Bijstandsfraude. Dat betekend dus dat er overheidsfinanciën, bij de ploeterende arbeiders en z.g. rijke bejaarden bijeen geroofd door middel van belastingen en besparingen, naar lieden gaat die daar geen recht op hebben. Zou dit een geheel nieuw fenomeen zijn, dan is de meer intensive controle op bijstandstrekkers zoals die nu wordt uitgevoerd door de gemeenten en resulteert in het ontdekken van ongeveer 25% meer fraudeurs dan enkele jaren geleden volledig op zijn plaats. Dit is echter geen nieuw fenomeen. In een brief aan de toenmalige premier W. Kok, gedateerd 16 september 1996, komt het volgende citaat voor:

Nu ik U toch toevallig aan de lijn heb, het volgende:

1: Als uw regering werkelijk een eind wil maken aan de files, dat doet U er goed aan om de computerbestanden van de bijstandsorganisaties te koppelen aan die voor de Rijksdienst voor het Wegverkeer. Misschien komt U dan wel tot de ontdekking dat een heleboel lieden die zeggen van de bijstand te leven, zich wel een auto kunnen veroorloven. En die de files langer maken als ze op weg zijn naar de plaats waar ze illegaal die auto verdienen.

Die bijstandsfraude is dus veel langer bekend en bestond ook al in de jaren '80.

Veel erger is het feit dat de gemeenten uitkeringsgerechtigden pas intensiever gaan controleren nu de gemeenten minder geld in kas hebben. Dit betekend niet minder dan dat er gedurende decennia niet tot onvoldoende is gecontroleerd en er gedurende die tientallen jaren door zowel de bevoegde ambtenaren als de politici van de regeringspartijen wanprestatie werd geleverd die tot juridisch onderzoek zou hebben moeten leiden tegen de betreffende bewindvoerders en ambtenaren. Het is immers niets minder dan strafbare nalatigheid. Hoe conveniërend toch dat politieke bewindvoerders beschermd zijn door parlementaire immuniteit. En hoe onconveniërende is het dat die immuniteit daar helemaal niet voor in het leven is geroepen. Maar kan Zijne Majesteit zich eigenlijk, hoe geschokt hij ook moge zijn, wel verbazen over die verregaande laksheid en het gebrek aan integriteit bij politici van de vrijwel altijd in de regering zittende partijen, zoals de partij voor Vlessetrekkerij, Volksverlakkerij en Dooddoenerij en de Partij van de Allochtonen? Een nauwgezette controle op de verstrekking van die uitkeringen zou immers bij elke verkiezingen opnieuw veel stemmenverlies opleveren? Dat kunnen de absoluut integere VVD'ers zich zeker niet veroorloven en de PvdA zou onmiddellijk al haar stemmen kwijtraken aan de nieuw op te richten partij Nieuw Allochtonië waar geen van oorsprong Nederlandse ex-PvdA'er lid van zou kunnen zijn. Zijne Majesteits politici hebben echter al getoond zich weinig van de mening van Zijn onderdanen aan te trekken, zoals mag blijken uit het feit dat werkbezoeken in het buitenland met de daaraan gekoppelde vliegreis zonder reden of om voor de politicus conveniërende privé reden worden afgezegd en de al financieel gesloopte belastingbetaler voor de kosten mag opdraaien. Het geeft een minachting weer voor Zijne Majesteits onderdanen, en daarmee in het verleden voor Zijne Majesteits moeder en thans voor hem, die zijn weerga niet heeft. Maar past uitstekend in het beeld van integere politici dat de VVD'er Rutte-dit-is-het-beste-kabinet-sinds-de-oorlog zo graag schijnt te tonen. Iets dat ook tot uitdrukking komt bij het aan het licht treden van politici, met name Oud-wethouder Jacques Damen van, inderdaad de VVD, Burgemeester René Roep van, inderdaad ook een partij die vrijwel altijd in de regering zit, n.l. het CDA en Mary Fiers van, juist ja, de PvdA, die allemaal nogal slordig omspringen met de zuurverdiende belastingen, bijeen gebracht door die druiloren die steeds weer opnieuw op die partijen stemmen en een masochistisch genoegen ervaren bij de gedachte dat ze na het zetten van het kruisje in het stemlokaal wederom bedrogen zullen worden.

De integere VVD'ster Marianne Reinders-Stijnman, partijgenoot van Damen en fractievoorzitter van de VVD, stelt dat het hier gaat om de integriteit van de bestuurders, ongeacht de partij. Zijne Majesteit zal hierbij ongetwijfeld bedenken dat die integriteit haar ertoe zou hebben moeten brengen om onmiddellijk naar de politie te stappen, aangifte te doen wegens fraude en de eis tot terugbetaling van de frauduleus verkregen bedragen te vervatten in de door de Rechter opgelegde straf. Maar, zoals in de politiek gebruikelijk, politieke misdadigers hoeven alleen de buit terug te geven. Ook zou deze VVD'ster tijdens haar zwelgen in partijintegriteit onmiddellijk een wetsvoorstel moeten indienen om die, voor het rechtsgevoel van de burger, nogal storende parlementaire immuniteit op te heffen.

Zowel waar het bijstandsfraude als fraude gepleegd door politici betreft, geeft dit Zijne Majesteits onderdanen het gevoel dat politieke integriteit iets is dat gepresenteerd wordt als de bijzonder copieuze maaltijd die VVD'ster Nepperus nu noodgedwongen misloopt omdat ze 170 Euro is gekort op haar overvette inkomen, maar er in werkelijkheid uitziet als een maaltijd die al een keer opgegeten geweest is en laat op de avond, vaak voor de deur van de kroeg, op straat ligt.

Zijne Majesteit zal daar ongetwijfeld aan denken als hij terugdenkt aan die gedenkwaardige 30 april 2013 en de door hem afgelegde eed.

De Kalkpot

DE TROONREDE ALS POPPENKAST

. . .dat Hij op Prinsjesdag een Troonrede gaat voorlezen waarvan de inhoud is geschreven door partijen die door nog slechts minder dan 30% van Zijn onderdanen wordt gesteund?

De Tv-kijkers die de Troonrede gaan volgen zullen ongetwijfeld, evenals in het verleden regelmatig gebeurd is, met irritatie die Troonrede beluisteren en zich afvragen of Zijne Majesteit de inhoud van die Troonrede als intelligent mens en gewaardeerd monarch ondersteunt of slechts als een fraai uitgedoste poppenkastpop acteert.

Nu zou de Troonrede een beleidsvisie voor het komende parlementaire jaar moeten zijn waarin een regering zich vastlegt op de door haar zelf gecreëerde mogelijkheden om het welzijn van Zijne Majesteits onderdanen te verbeteren, te vergroten of althans, zoals in de door haar zelf veroorzaakte huidige financiële malaise, te handhaven.

Een forse slag zal om de arm worden gehouden teneinde dat welzijn te verlagen. Vastgesteld zal worden dat het enige dat verbeterd, vergroot of althans gehandhaafd zal worden het eigen welzijn van de regeringsleden en dat van parlementariërs, topambtenaren en lieden uit de wazige wereld van economische sjoemelaars zal zijn.

Zijne Majesteit mag dus het verkooppraatje van de huidige regering, bestaande uit halve waarheden, probleemontwijkende beleidsvoornemens en niet te realiseren oplossingen voor de met opzet veroorzaakte inflatie met Koninklijk gezag ondersteunen. De inhoud van de Troonrede is zo voorspelbaar dat er niet meer dan een waarzegster met lager onderwijs, een zwemdiploma, een danscursus en enige ervaring in het beroep van prostituee voor nodig is om die te voorspellen. Die voorspelling kan gewaagd worden.

In de Troonrede zal dus een paragraaf voor komen die beschrijft dat de Nederlandse economie ernstige schade heeft opgelopen door de economische crisis gedurende de laatste jaren. Dat daardoor ingrijpende bezuinigingen nodig waren die iedereen in Nederland heeft getroffen en dat thans het einde van de donkere economische tunnel in zicht is. Om het proces van herstel van de Nederlandse economie te consolideren, zullen het komende parlementaire jaar echter alsnog ingrijpende bezuinigingen ter hoogte van 6, waarschijnlijk 8, misschien 10 en indien noodzakelijk 12 of, door de EU afgedwongen, 16 miljard Euro nodig zijn.

Kortom: De regering steekt zichzelf een pluim op de hoed en kondigt tevens aan dat de bevolking, dus niet de regering, de volksvertegenwoordiging, topambtenaren en topverdieners, nogmaals het financiële vel over de oren zal worden getrokken.

Verder zal in een paragraaf van de troonrede gerefereerd worden aan nationale en internationale verdraagzaamheid, ontwikkelingshulp om al die arme zieltjes, die nog geen schoenen hebben om op te lopen maar wel met een Kalashnikov van $ 1800, een RPG van $ 3500 of een kist springstof van $ 500 rondsjouwen, te helpen. Er zal worden gerefereerd aan het probleem van de mensenrechten in de wereld en wat Nederland zal doen om dat recht te bevorderen.

De persoonlijke beleidsvisie van de VVD'er Rutte op die mensenrechten zal Zijne majesteit tijdens het voorlezen van de Troonrede echter tevergeefs zoeken. Alles diep ontroerend en reden om een pak Kleenex zakdoekjes bij de hand te houden bij het aanschouwen van Zijne Majesteit gedurende zijn oefening in het voorlezen van politiek, dus nietszeggends, gewauwel.

Wat ook niet in de troonrede zal staan:
Is een beschrijving van de van de gevolgen van de verarming van de bevolking die slechts spaargeld heeft en geen waardevaste bezittingen en zijn onderdanen die veertig jaar of meer geloofden in de betrouwbaarheid van de vele Nederlandse regeringen en er vast van overtuigd waren dat hun AOW hun oudedagsvoorziening vormde en waarvoor altijd forse premies op het salaris werden ingehouden.

Wat ook niet in de Troonrede zal staan:
Is het feit dat de huidige nationale inflatie doelbewust is gecreëerd en in navolging is van de Duitse inflatie in 1923, waarbij de Weimar Republiek, dus de opvolger van het Keizerlijke gezag, de Duitse bevolking praktisch liet verhongeren en hen d.m.v. opzettelijk veroorzaakte inflatie van hun laatste bezittingen beroofde.

Wat ook niet in de troonrede zal staan:
Is het ontstellend slechte bestuur van Zijn regering en het functioneren van het ambtenarenapparaat en de Rechterlijke Macht, waarbij belastingbetalers d.m.v. een automatisch door een computerprogramma geschreven dwangbevel opgevorderd worden om onmiddellijk een omstreden betwistbaar bedrag aan de belastingdienst over te maken of voor de Rechter te verschijnen.

Wat ook niet in de troonrede zal staan:
Zijn de maatregelen ter bestraffing van sjoemelende politici die echter niet automatisch door een computerprogramma worden gedagvaard om voor de rechter te verschijnen en zich te verantwoorden voor hun frauduleus declaratiegedrag, corruptie, strafbare nalatigheid of geestelijk onvermogen om als politicus te functioneren

<u>Wat ook niet in de troonrede zal staan:</u>
Is het voornemen om de salarissen van overbetaalde politici en ambtenaren terug te brengen tot een voor de bevolking aanvaardbaar niveau, dit wettelijk vast te leggen zodat toekomstige vlessetrekkers, leden van de Partij van de Allochtonen, de niet zo Christelijke Doordouwers Associatie, Dufkikkers uit het jaar '66 en politieke komieken die behoren tot partijen met allerhande afkortingen maar onveranderlijk op hun lange weg naar financieel succes wijlen Dhr. Stalin ergens ver weg rechts van zich zien staan, onmogelijk enige verandering in die salariëringwet kunnen aanbrengen. Tenzij in duizendtallen naar beneden afgerond.

<u>Wat ook niet in de troonrede zal staan:</u>
Is de visie van de regering Rutte om de voortdurende belangenvermenging van politiek en bedrijfsleven te bestrijden en wetsontwerpen om die belangenverstrengeling strafbaar te maken.

Wat nadrukkelijk verzwegen wordt zijn de gevolgen van het voor de Nederlandse economie vernietigende beleid en het resultaat daarvan voor Zijne Majesteits onderdanen, zoals:

1: Blijvende armoede voor een groter deel van de bevolking omdat het deel van die onderdanen die wel willen werken, gedwongen worden om dat werken tegen een minimumsalaris te doen. Hierbij zal dan het Duitse voorbeeld worden gevolgd. Dit fraaie voorbeeld voorziet niet in een minimumloon, zodat een deel van de Duitse bevolking er noodgedwongen twee werkgevers op na moet houden om althans aan voldoende geld te komen zijn of haar gezin in stand te houden, waarbij, als het totaal van die twee banen niet voldoende oplevert voor was luxe, de echtgenote ook gaat werken om zich dat beetje luxe te kunnen veroorloven.

2: Slechtere tot minimale geneeskundige verzorging in de hoop dat vooral de ouderen, waar de staat pensioenbetaling aan verschuldigd is (een verplichting die de regering Kok vrijwillig is aangegaan in ruil voor het leegroven van de toen rijkelijk gevulde pensioenkassen), wat eerder het loodje leggen.

3: De toenemende criminaliteit door normvervaging, waarbij de huidige politici als lichtend voorbeeld dienen en Zijne Majesteits onderdanen de slachtofferrol op zich mogen nemen.

4: Het creëren van een onzekere toekomst die niet langer afhangt van eigen wil en kracht van de bevolking maar van een groot aantal buitenlandse politici in een stad in een ander land, die niet meer voeling met Zijne Majesteits onderdanen, mentaliteit en mores hebben dan de ooit beruchte inbreker Gerrit de Stotteraar had met de problemen van de Jivaro indianen in de Mato Grosso.

Als we voor Zijne Majesteit de mogelijke maatregelen tegen Dhr. Rutte op een tijdslijn zouden zetten dan zou het er zo uit komen te zien:

<u>100 v. Chr tot 44 v.Chr (Julius Caesar)</u>
In soortgelijke omstandigheden en bij gelijke procedures zou Julius Caesar Dhr. Rutte een vrijkaartje verschaffen voor het Colosseum. Niet als toeschouwer, maar als sparringpartner voor een paar leeuwen.

<u>434 tot 453 (Atilla de Hun)</u>
Attila de Hun, ongevoelig als hij was, zou hem mogelijk aan een paar van zijn soldaten cadeau hebben gedaan.

747 tot 814 (Karel de Grote)

Karel de Grote zou de hoogste boom op de hoogste heuvel hebben geselecteerd voor een feestelijke opknoping. Karel was wars van intriges.

1162 tot 1227 (Dzjengis Khan)

Dzjengis Khan zou Dhr. Rutte in al zijn wijsheid eenvoudig tewerk hebben gesteld als sanitair faciliteiten inspecteur in een van zijn paleizen met de speciale opdracht om de inhoud van die faciliteiten er met zijn soeplepel uit te scheppen.

1500 tot 1558 (Karel de Vijfde)

Karel de Vijfde zou opdracht hebben gegeven om de beul op hem te laten oefenen, zodat de executie van de Graven van Egmont en Hoorne perfect zou verlopen.

1533 tot 1584 (Willem van Oranje)

Vader des Vaderlands Willem van Oranje zou hem, met zijn vooruitziende blik en gevoelig voor de noden van het Nederlandse volk, Balthasar Gerards lot hebben doen ondergaan.

1769 tot 1821 (Napoleon Bonaparte)

Napoleon zou hem een verplichte voetreis naar Kaapstad hebben aangeboden en heimelijk alle kannibalistische Afrikaanse stamhoofden op die route hebben laten weten dat er een bijzonder smakelijke hap onderweg was.

1859 tot 1941 (Keizer Willem de Tweede)

Keizer Wilhelm de Tweede zou hem opdracht hebben gegeven om die troonrede stijf op te rollen en daar te stoppen waar de zon nooit schijnt.

Gelukkig zijn de tijden veranderd en is de wereldbevolking veel beschaafder geworden.

Er worden nog slechts sporadisch mensen aan leeuwen gevoederd.

Verkrachting door militairen komt niet meer voor.

De kwaliteit touw waarmee mensen vroeger werden opgehangen wordt niet meer vervaardigd.

Speciale vaklieden zorgen tegenwoordig voor het verwijderen van de resultaten van menselijke vraatzucht.

Onthoofden doet, enkele uitzonderingen daargelaten in landen waarvan de naam eindigt op Stan, niemand meer.

Vierendelen doet, enkele uitzonderingen daargelaten in landen waarvan de naam eindigt op Stan, niemand meer.

Bij levende lijve de misdadiger het hart uitsnijden en dat vervolgens in zijn gezicht werpen doet, enkele uitzonderingen daargelaten in landen waarvan de naam eindigt op Stan, niemand meer.

De hand waarmee het misdrijf is begaan in een gloeiende klem zetten en die hand vervolgens afbranden doet, enkele uitzonderingen daargelaten in landen waarvan de naam eindigt op Stan, niemand meer. Het afgehakte hoofd van de misdadiger op een staak spietsen en die voor de locatie zetten waar het misdrijf werd gepleegd doet, enkele uitzonderingen daargelaten in landen waarvan de naam eindigt op Stan, niemand meer.

Kannibalisme komt nog slechts voor in de cosmetische industrie, die de resultaten van de abortusklinieken opkoopt om er voor hun smeerseltjes de hormonen uit te halen en zodoende de klanten van hun producten er zo aantrekkelijk te laten uitzien dat ze korte tijd later wederom zwanger zijn, abortus laten plegen en zodoende oorzaak en gevolg door elkaar halen.

De uiterst gemene opdracht om literair politiek geneuzel op te rollen en op die speciale plaats te stoppen, zodat de marge ervan er bij de mond uitkomt, kon alleen in het brein van Vlad Dracula, alias De Spietser, opkomen.

Gesteld mag worden dat geschiedenisleraar Mark Rutte, een zeer gestudeerd man met een grote kennis van verduistering op grote schaal en dol op de inflatiepolitiek van lieden die er door die politiek voor zorgden dat Dhr. A. Hitler, voormalig Obergefreite en Meldegänger van het Liszt regiment in WO1 tien jaar later Reichskanzler werd van wat het Derde Rijk werd genoemd. Hij is dus betrekkelijk veilig indien de door hem aangeboden Troonrede Zijne Majesteits ergernis opwekt. Dat 'betrekkelijk' is betrekkelijk. Zijne Majesteit zou die titel niet waardig zijn als hij zich niet kon inleven in de gedachtewereld, levensomstandigheden en huidige economische toestand van veel van zijn onderdanen die slechts nog afhankelijk zijn van de resultaten van hun decennia lang betaalde premies voor AOW, pensioen en moeizaam gespaarde bankrekeningetje en geloofden in de eer en het geweten van de door hen gekozen politici.

De vervaardiger van de nonsens en vrijwillig zeer volgzaam onderkruipertje van de grote griezels in een vreemde stad in een vreemd land, die Zijne Majesteit gaat voorlezen, is voor Nederland niet beter dan William Joyce alias Lord HawHaw voor de Britten, dommer dan Tokyo Rose of Mildred Gillars alias Axis Sally voor de Amerikanen en erger dan Vidkun Quisling voor de Noren zijn geweest.

In plaats van die door hem geschreven Troonrede voorlezen, zou het voorlezen van een passende bestraffing voor deze verkoper van Neerlands bezit en waarden op zijn plaats zijn. Zijne Majesteit zal in zijn Koninklijke wijsheid ongetwijfeld niet terug willen grijpen naar eerder genoemde maatregelen uit vergane tijden.

Enkele weken schandpaal met door alle bedrogen AOW'ers verschaft rottend fruit ter voeding, dat overigens alleen op een afstand van 3 meter (om de extreem ouderen ook een trefkans te gunnen) aangereikt mag worden en eenmaal per dag gedurende een uur vrij paardenvijgen gooien is toegestaan, waarbij elke treffer voor de betreffende maand 10 Euro meer AOW oplevert, zal door velen beschouwd worden als een passende straf.

Om de PvdA'er Samsom hoeft Zijne Majesteit zich niet te bekommeren. Ongetwijfeld zullen vele oudere Christenen in gebed verzinken om Hem, bij wiens gratie Zijne Majesteit Koning der Nederlanden is, te verzoeken deze man tot zich te nemen en hem het gezelschap te bieden van Ien Dales, Joop den Uyl en, naar wij hopen spoedig ook Wim Kok om ten eeuwige dage in koor hallelujaliedjes te zingen en harpje te spelen.

Zijne majesteit zal daar ongetwijfeld aan refereren bij het in ontvangst nemen van de eerste versie van de door de VVD'er Rutte in elkaar geknutselde Troonrede en zich Zijn eed, afgelegd op die gedenkwaardige 30 april 2013, in herinnering brengen.

De Kalkpot

DE BENDELEIDER

. . . dat de VVD'er Rutte, premier van uw koninkrijk, een man is die door de door hem gevoerde politiek in feite een soort bendeleider is? Dat die man met zijn tactiek van het met onwettige middelen beroven van gepensioneerden een aantal van uw onderdanen in een onverdiende armoede stort die naar schatting, genoemd in een Engelse studie, het zelfmoordpercentage met 15% doet toenemen? Dat dit, getoetst aan het Wetboek van Strafrecht (WvS), artikel 321 met als omschrijving: het zich wederrechtelijk toe-eigenen van een goed dat aan een ander toebehoort en dat men krachtens een rechtsverhouding onder zich heeft, normaal zou leiden tot strafvervolging? Dat dit dus in dit geval het verduisteren van pensioengelden is? Dat het eventueel verhoogde percentage zelfmoorden, al zou dit er maar één zijn, betekend dat deze VVD'er Rutte die dode(n) dan als collateral damage beschouwd? Dat, oorzaak en gevolg in aanmerking genomen, Rutte niet alleen wegens overtreding van artikel 321 van het WvSr vervolg zou moeten worden maar ook wegens overtreding van artikel 307 van het WvSr met als tekst: Hij aan wiens schuld de dood van een ander te wijten is? Dat deze, door Zijne Majesteit als Premier beëdigde Rutte, meent dat hij deze activiteiten straffeloos kan plegen omdat hij beschermd is door parlementaire onschendbaarheid en past in zijn visie op het in Nederland thans totaal verworden begrip democratie?
Is het Zijne Majesteit ook bekend dat het politieke bendelid Dijsselbloem, Minister van Financiën in het kabinet van deze VVD'er Rutte en daarmee ook door Zijne Majesteit beëdigt, in de tweede helft van augustus 2013 aankondigde dat, citaat: . .dat nieuwe Europese steun voor Griekenland onvermijdelijk is als de huidige steunoperatie eind 2014 stopt. Dat hij via zijn woordvoerster stelt dat 'steun' niet per se een pakket met

nieuwe leningen betekent. . . .dat Dhr. Dijsselbloem, tevens Hoofd van de Eurogroep, zijn uitspraak deed drie dagen nadat de Duitse Minister van Financiën, Herr Schauble deze steunplannen voor Griekenland al bekend had gemaakt en aangekondigd dat ook de nieuwe steun voor Griekenland een financiële miljardensteun zou worden en dat, als die niet gegeven zou worden, alle voorgaande steunoperaties verloren miljarden zou zijn?

. . .dat hiermee duidelijk is aangetoond dat het huidige Kabinet Rutte niets meer is dan een verlengstuk van de Europese Commissie en geen interesse heeft in een welvarende Nederlandse bevolking die Zijne Majesteits onderdanen zijn en slechts in orde van belang een plaatsje geeft aan de voet van de lijst ten gunste van volkeren en landen waarvan de Europese Commissie voortdurend en zonder succes eist dat men de corruptie, fraude en misdaad moet aanpakken?

. . .dat het Kabinet Rutte van Zijne Majesteits onderdanen verlangt dat ze de wil moeten hebben om te veranderen? Dat, citaat: „De snelste manier om kwijt te raken wat we hebben, is krampachtig vast te houden aan wat we hebben." Dat deze Rutte als Premier van Nederland, zijn woorden al vooraf is gegaan door dat, wat we hadden, al te reduceren en thans nogmaals met plannen komt om dit nog meer te reduceren. Namelijk door recidive van zijn eerder begane misdrijf verduistering dat zal leiden tot nog meer collateral damage.

. . .dat de woorden van Rutte niet schijnen te gelden voor lieden die een gooi deden naar parlementaire onschendbaarheid, daarin mislukten zoals het PvdA-kamerlid Desiree Bonis, en die thans terugkeerde op het Ministerie van buitenlandse Zaken, waar echter geen werk voor haar is en ze thans onverdiend 110.000 Euro krijgt door werkeloos op haar inlegkruisje te zitten en twee keer per dag haar kopje koffie in de kantine te gaan halen. Dat kopje koffie kost de belastingbetaler dan wel 250 Euro per kop ofwel 500 Euro per dag. Tot op heden is vanuit geen enkele politieke partij enig protest gerezen, waarmee verondersteld mag worden dat politici wel willen behouden wat ze hebben en kennelijk ook niet bang zijn dat ze ook maar iets kwijt zullen raken als ze vasthouden aan wat ze hebben.

Zijne Majesteit zal hier ongetwijfeld aan denken als hij terugdenkt aan die gedenkwaardige 30 april 2013 en de door hem afgelegde eed.

De Kalkpot

TWEE ITEM PARTIJEN

. . .dat er een politieke partij bestaat waarvan de leider kennelijk niet weet waar hij en zijn partij voor staan? De enige overeenkomst die deze zelfbenoemde Grote Roerganger, Führer, Goeroe of Zaligmaker of wat voor benaming ook op hem van toepassing is met de andere partijleiders heeft is, dat hij er zorgvuldig voor waakt dat er niet gemorreld wordt aan de inkomens van politici. Hij is wel de enige partijleider die een waarschuwende vinger ter grootte van de kerktoren van Zunderdorp heeft. En die heft hij bij voortduring op tegen de gevaren van de Islam en bij protesten tegen de snode plannen van de EU-commissie. Dat hij daarmee gelijk heeft, doet niets af aan het feit dat hij zich daarmee heeft geschaard in de rijen van slogans hanterende Een-item partijen van andere politici uit het verleden. Dhr. Wilders, want zo heet die brave man die zo kunstzinnig in het parlement zijn neus met een potlood omhoog kan drukken, meent dat hij daarmee stemmen voor zijn partij kan winnen. En veel stemmen betekend veel zetels in het Nederlandse parlement en bij Europese verkiezingen veel zetels in het Europese parlement en veel zetels betekend veel geld voor allerhande zieltjes die een gooi willen doen naar parlementaire onschendbaarheid. Het betekend ook dat deze zieltjes een gevoelig oor zullen hebben voor allerhande lobbyisten die gaarne aan zich invloedrijk menende onschendbaren een commissariaatje of adviseurschapje toekennen. Want geld moet rollen en dat moet natuurlijk wel in de goede richting.

Wat Dhr. Wilders ook met de andere politici en politieke partijen gemeen heeft is, dat hij de regel dat er niet op vragen en suggesties of aanbevelingen van kiezers gereageerd moet worden, zeer serieus neemt. Een soort van Geert De Zwijger dus.

Dhr. Wilders zet zich af tegen de Islam die hij als een gevaar voor de Nederlandse samenleving ziet. Prachtig. Een man met principes voert de kalkpot hoog in het vaandel. Een mogelijke Premier Wilders zal dus, zodra hij eventueel door Zijne majesteit is beëdigd, onmiddellijk beginnen met het uitwerken van de plannen om Nederland Moslimvrij te maken. Dhr. Wilders zal dan dus eerst het Verdrag van New York van 1957 moeten opzeggen dat ook onvoorwaardelijk door Nederland is ondertekend en dat discriminatie op o.a. grond van religie verbiedt. Hij zal dus ook alle andere mensenrechtenverdragen, ondertekend door verschillende Nederlandse regeringen, moeten opzeggen. Voor wat betreft zijn plannen met die mensenrechtenverdragen zal hij ongetwijfeld een gewillig oor vinden bij Dhr. Rutte, die dan in de oppositie mag zitten als enig overgebleven partijlid van de VVD. Maar Dhr. Wilders zal absoluut zijn onbuigzame aard tonen en die verdragen opzeggen om zijn plannen m.b.t. de islamitische nieuwe landgenoten te verwezenlijken. Helaas heeft hij op geen enkele wijze enig operationeel plan kunnen ophoesten om Nederland Islamvrij te maken. Want hoe wil hij dit doen? Het voorbeeld van een van de principiële Islamlanden volgen en met het Nederlandse equivalent daarvan de Koran, het Vrijdaggebed en het eten van elk ander dan varkensvlees verbieden? Elk pasgeboren kind van Moslimouders verplicht laten dopen in een Zwartekousenkerk? Besnijdenis van Moslimkinderen verbieden op grond van dat Verdrag van New York van 1957, dat vermeldt dat het lichaam onschendbaar is? Dan zou hij zich dus moeten beroepen op een verdrag dat hij eerder heeft opgezegd. Om het beestje praktisch bij de naam te noemen: Hoe wil hij van die Moslims afkomen? Terugsturen naar de landen van herkomst en grenscontroles invoeren misschien? Dan zou hij dus ook alle verdragen, die Nederland aan de EU bindt, inclusief het BeNeLuxverdrag, moeten opzeggen. Maar dat wil hij dan ook. Heel conveniërend. Alleen jammer dan dat zijn partijleden, die een lucratief parlementszeteltje in Brussel ambiëren, dat niet zo zien zitten. Uit de EU stappen betekend immers dat er alleen nog gekonkeld kan worden om een Nederlandse parlementszetel te bemachtigen. Dat is dus ook niet zo geslaagd.

En is Dhr. Wilders werkelijk zo anti-Europees als hij voorgeeft te zijn? Dan zou hij dus voortdurend informatie inwinnen over het plannen en beslissingen van de EU-snoodaards die aansturen op een definitieve greep op delen van de soevereiniteit van de individuele lidstaten. Erg effectief is Dhr. Wilders echter niet in deze. Anders zou nationaal voelend Nederland sinds enige dagen verrast zijn geweest bij het aanhoren van Dhr. Wilder in de 2^e Kamer waar het zijn visie op reeds genomen beslissingen betreffende de Europese Centrale Bank betreft. Hij zou namelijk op 13 september een artikel in Die Deutsche Wirtschafts Nachrichten.de, een Duits Internet blad dat economisch nieuws verschaft, hebben gelezen. Van dat artikel was de kop: De weg is vrij. Belastingbetalers moeten de Europese banken redden. Er wordt een procedure in beschreven die er op neerkomt dat de nationale regeringen domweg geen zeggenschap meer hebben over de vraag hoe het scheepsladinggewijs naar Brussel gestuurde geld besteed wordt en er hoeft zelfs geen verantwoording aan het EU parlement worden afgelegd. Helaas leest Dhr. Wilders geen Duitse kranten. Hij zou als Nederlands parlementslid echter wel door Dhr. Dijsselbloem geïnformeerd moeten zijn. En als die al stijf zijn mond hield, dan zouden de Nederlandse EU parlementsleden al lang aan de bel hebben moeten trekken. Maar die stemden gehoorzaam voor die plannen van EU-Brussel en zullen aldus niet geneigd zijn hun stemgedrag te verantwoorden aan hun kiezers. Maar dat deden ze toch al nooit.

Al met al kan men stellen dat Dhr. Wilders niet erg effectief is waar het de door hem geëtaleerde plannen met de Islam in Nederland en de banden met de EU betreft.

Wat overblijft is een Wilders als partijbonz van een 2-item partij die daarmee slechts het niveau haalt van de Brit Nigel Farage. En die wil zeker niet dat het United Kingdom de EU de rug toekeert. Hij zou zichzelf dan, evenals Dhr. Wilders, overbodig maken.

Blijft de kiezer slechts het beeld van een Wilders die zijn neus met een potlood omhoog drukt en met de regelmaat van de klok zijn slogans de wereld in schreeuwt.

En dat soort politici is ongeveer even nuttig voor het Nederlandse volk als een Rutte die Troonredes schrijft.

Zijne Majesteit zal daar ongetwijfeld aan denken als hij terug denkt aan die gedenkwaardige 30 april 2013 en de door hem afgelegde eed.

De Kalkpot

POLITIEKE BIJSCHOLING

. . .dat er politici zijn die, uiteraard op kosten van de schatkist, en dus van de gemeenschap, een adviseur in dienst hebben die hen op deskundige wijze van advies dient in zaken als communicatie, image vorming en representatie. Aangezien dat politici betreft, mogen we aannemen dat het bij die politici met de communicatie, het beeld dat ze van zichzelf naar buiten uitdragen en de wijze waarop ze dit doen povertjes gesteld is. Ze menen dus een specialist nodig te hebben die deze vaardigheden verbeteren. Dan rijst natuurlijk de vraag waarom ze, als dat beeld al zo pover was, toch verkozen zijn. Mogelijk is natuurlijk dat ze een beter beeld van zichzelf naar buiten toe willen uitdragen. Maar ziet de toeschouwer dan inderdaad nog politica A, collega B en collega C of slechts klonen van hun persoonlijke adviseur? We moeten vrezen dat dit laatste het geval is. Daarbij mag de voormalige PvdA-Minister-president Wim Kok, een soort roofridder die het gedurende zijn ambtperiode speciaal voorzien had op de afdoende gevulde kassen van de pensioenfondsen en met list, bedrog en voze, pardon loze beloften, als voorbeeld dienen. Ook deze man meende op rijkskosten van de diensten van een persoonlijke adviseur gebruik te moeten maken. Het resultaat was er dan ook naar. Van een nogal schreeuwerige vakbondsbonz die, toen hij als Minister-president in de positie was om zal zijn vroegere eisen zelf in te willigen en dit niet deed, veranderde hij in een altijd redelijk klinkende staatsman die ook altijd het compromis zocht. Het beeld dat hij toen van zichzelf naar buiten bracht, stond echter lijnrecht in tegenstelling tot zijn vroegere imago van onredelijke eisen stellende vakbondsdoordouwer. De Belgische premier Verhofstadt hield er gedurende zijn ambtsperiodes ook een, uiteraard op staatskosten, persoonlijke adviseur op na. Die adviseur heette Slangen en werd vooral bekend als de man die zijn opdrachtgever vormde tot de naaktslak, pardon, staatsman die hij naar buiten toe leek te zijn en intussen wel verdacht werd van het op frauduleuze binnenhalen van staatsopdrachten voor zijn privébedrijf. Misschien onnodig om op te merken dat de rechtszaak tegen Dhr. Slangen keurig werd geseponeerd, zoals dit gebruikelijk is in de door en door verrotte politieke gemeenschap in België.

Inmiddels in het met het imago van de heren Verhofstadt en Kok niet meer zo best gesteld. De touwtjes, waar ze als harlekijns aanhingen, zijn doorgesneden en beiden komen niet meer zo vaak in de belangstelling. Vooral Dhr. Verhofstadt houdt zich als adviseur bij het Algemeen Burgerlijk Pensioenfonds ijselijk rustig. Men zou dus kunnen zeggen dat persoonlijke adviseurs een product verkopen dat, hoewel niet wettelijk voorgeschreven, slechts een beperkte houdbaarheidsdatum heeft.

Zijne Majesteit heeft gemeend een persoonlijk adviseur in dienst te moeten nemen. Dan rijst hierbij de vraag wat een Koningshuis is. Is dat een instituut dat door de eeuwen heen met de bevolking is meegegroeid en er deel van uitmaakt? Is het een door God geïnstalleerd instituut? Is het een met de kracht van de wapens opgelegd instituut?

De laatste vraag kan met nee beantwoord worden. Er bestaat geen Oranje die zijn gezag aan het Nederlandse volk met de wapens oplegde.

De tweede vraag is twijfelachtig. Als God het Nederlandse volk ertoe bracht om de Oranjes als Koningen te accepteren, dan zou HIJ er wel meteen 100% van hebben gemaakt en geen 78% zoals een recente peiling weergaf. Er is dus geen sprake van een Koningschap 'Bij de gratie Gods'. Dat moet dan dus worden: 'Bij de gratie en wens van het Nederlandse volk. Maar hoewel die gratie en wens wel degelijk bestaat, is daar nooit een mening aan het volk over gevraagd.

Blijft dus over vraag 1. En daarvan is de beantwoording duidelijk. De Oranjes zijn als leveranciers van het staatshoofd niet alleen maar te vangen met de woorden geschiedenis, nostalgie, traditie en genegenheid. Ze zijn onlosmakelijk verbonden met het volk dan hun gezag accepteert omdat het Huis van Oranje is meegegroeid met de ontwikkelingen van het Nederlandse volk.

Het Huis van Oranje is, met het Koningschap, geen product dat aangeprezen en verkocht moet worden. Er is geen adviseur nodig om een beeld van de Koninklijke Familie te vormen om het aldus populairder te maken. Als onderdaan van dit land zijn drie Koninginnen mijn staatshoofd geweest en als Kalkpot twee. En thans dus Zijne Majesteit als Koning.

Producten kunnen gevraagd of ongewenst zijn en dit ongeacht de reclame die er voor wordt gemaakt. Het Koningshuis is echter geen product en verdient het niet daarmee gelijkgesteld te worden. Als dit wel zou gebeuren, dan bestaat de mogelijkheid dat er in de toekomst naar dat product geen vraag meer zal zijn.

Liever een Koninklijke Familie met alle mogelijke menselijke fouten (Ja, dat was een beetje dom, hé?) dan een stel gestroomlijnde Oranje Beckhams.

Dat Zijne Majesteit mag blijven zoals hij is.

En dat zonder draadjes aan armen en benen om gestuurd te worden. Dan houden we het Koningshuis zoals we dat wensen. N.l begaan en verbonden met de Nederlanders en Nederland.

Zijne Majesteit zal daar ongetwijfeld aan denken als hij terugdenkt aan die gedenkwaardige 30 April 2013 en de door hem afgelegde eed.

De Kalkpot

DE CENSORS

. . .dat politici de onsmakelijke gewoonte hebben om een Nederlands staatshoofd, indien gewenst, te censureren? Waarschijnlijk wel. Het overkwam zijn door velen zeer gewaardeerde moeder in 2010. Toen meende Dhr. Rutte, uiteraard lid van de VVD en in zijn kwaliteit (voor zover voorhanden) als premier van Nederland, dat de steun van de PVV ter instandhouding van zijn griezelige minderheidskabinet, dat overigens elke vorm van integriteit ontbeerde, onontbeerlijk was. Hare Majesteit had, naar verluidt, enkele teksten in haar kersttoespraak opgenomen die ongetwijfeld zeer terecht maar mogelijk stuitend voor Dhr. Wilders waren. Alle restanten van integriteit, voor zover nog aanwezig bij Dhr. Rutte en zijn partij, verdwenen als de Japanners die zich toevallig op het grondnulpunt van de kernexplosie in Hiroshima bevonden. Met de laatste restanten van die zo fel gepropageerde VVD integriteit verdween ook het gevoel van betamelijkheid en politieke moed van Dhr. Rutte. Ongeveer zo snel en effectief als de Japanners die zich toevallig op het grondnulpunt van de kernexplosie in Nagasaki bevonden. Vandaar dat hij Hare Majesteit tot driemaal dwong om haar tekst te wijzigen.

Dhr. Rutte wilde vooral niet geweten hebben dat Hare Majesteits kersttoespraken vooral een persoonlijke boodschap aan het Nederlandse volk waren en uit een Koninklijk hart kwamen. Hij wilde ook niet geweten hebben dat er in dezen ook voor Hare Majesteit vrijheid van meningsuiting bestond. Zijn politieke moed was niet zo sterk ontwikkeld dat hij bereid was de verantwoording voor de gesproken tekst van hare Majesteit op zich te nemen. Sinds 8 oktober 2013 en dank zij een kort krantenberichtje weet de Nederlandse bevolking thans dat een laf stuk politiek onbenul ten eigen nutte van Rutte Hare Majesteit gedeeltelijk het zwijgen oplegde.

Zeer kort omschreven: Een vuige, politieke voddenrapende kwartjesvinder die een alom geliefde vorstin met dertig jaar ervaring in haar ambt het recht ontzegt dat is vastgelegd in het Europese verdrag voor de Rechten van de Mens. Maar dat verdrag nam en neemt hij toch al niet serieus.

Een moment om van te gruwen.

Eigenlijk ook een moment om een burgerinitiatief op te starten. En dan niet een dat gevoerd wordt met het verzamelen van handtekeningen, maar dat heel ouderwetse burgerinitiatief. N.l. het soort, dat gevoerd word met hooivorken, houwelen of, indien toevallig in het schuurtje staand, een Leopard 2 of een Joint Strike Fighter. En dit om aan de Nederlandse politiek duidelijk te maken dat men met zijn klauwen van de waarden van het Nederlandse Koningshuis afblijft.

Zijne Majesteit zal hier ongetwijfeld aan denken als hij terugdenkt aan die gedenkwaardige 30 april 2013 en de door hem afgelegde eed.

De Kalkpot

GRABBELTON

. . .dat er geen week voorbij gaat of er verschijnt een artikel in de Nederlandse kranten waarin politici in ongunstige zin een hoofdrol spelen? Nu is de gemiddelde onderdaan van Zijne Majesteit er dank zij al die artikelen inmiddels wel van overtuigd dat het begrip politicus niets met goed bestuur te maken heeft. Politiek betekend beleid en politici worden geacht een beleid te voeren. Dat klopt ook wel. Dat beleid is vooral gericht op het verwerven van gemeenschapsgeld in de vorm van wedde, vergoeding of wat voor benaming er ook aan dat gemeenschapsgeld in de zakken van politici gegeven wordt. Op 19 september mocht werkend Nederland zich verheugen in het krantenbericht dat PvdA-wethouder Wouter Ruifrok van de gemeente Noordoostpolder niets verkeerd heeft gedaan door voor 10.000 euro aan gemeenschapsgeld een cursus zelfontplooiing te volgen. Nu Zal Zijne Majesteit, die dit nieuws uiteraard belangstellend las, blij zijn geweest dat er althans zegge en schrijven 1 politicus was die blijk gaf van een verlangen naar zelfontplooiing. De naam van de cursus, 'Mijn gevoel voor Realiteit' zou er de man dus op moeten voorbereiden dat zijn kiezers hem met een huisbezoek vereren teneinde hem ervan te overtuigen dat hij de aangeleerde waanzin zelf maar moet betalen, hetzij moet solliciteren naar een baantje als onderofficier bij Zijne Majesteits strijdkrachten, waar hij dan op kosten van Defensie een dergelijke cursus kan volgen op het Opleidingscentrum Didactiek en Militair Leiderschap. Het college van Burgemeesters en Wethouders deelt die kiezersmening overigens niet en noemt het allemaal gezeur. De cursus zou juist aansluiten bij de omslag van de gemeente om meer inwoners bij het beleid te betrekken en is daarmee van waarde, ook voor de inwoners van Noordoostpolder. Bovendien moest er niet zo op de man worden gespeeld.

We mogen dus vaststellen dat politici het dus volkomen aanvaardbaar vinden dat ze met onvoldoende kwalificaties op een bestuurs- hetzij beleidspost worden gezet en vervolgens de noodzakelijke kennis op kosten van de gemeenschap verwerven. Dan rijst onmiddellijk de vraag op Ruifrok dan wel wethouder had kunnen blijven als hij niet geslaagd was voor het examen van die cursus. Dan rijst ook de vraag of hij, gedurende de tijd dat hij die cursus volgde, wel recht kon doen gelden op zijn wedde. Hij was er immers niet om te wethouderen? Eveneens dringt de vraag zich op welk instituut een dergelijke cursus geeft (tegen wel zeer ruime betaling). Daarna, wantrouwend als Zijne Majesteit als Brigade Generaal der Koninklijke Marechaussee en ik als ex-Marechaussee der eerste klasse/Algemeen opsporingsambtenaar zijn, komt de vraag op of er mogelijk een politicus of familie daarvan op het heldere idee kwam om dergelijke cursussen tegen exorbitante bedragen te geven en zich aldus verzekerd te weten van een gestage stroom cursisten uit de droesem van de samenleving, te weten politici, en zich aldus een riant inkomen te verwerven dat rechtstreeks komt uit de zakken van de belastingbetaler.

De ultieme vraag is, gezien het feit dat deze cursus bestaat, echter: Hoeveel politici hebben deze cursus of soortgelijke cursussen op belastingbetalerkosten gevolgd en van welke partijen waren die politici dan?

Naar verluidt hebben politici geen functionerend reukorgaan. Zouden ze dat wel hebben, dan zouden ze elkaar met walging bezien en elkaar mijden als de pest. Want dit soort parasitisme stinkt de pan uit. Maar kan ook anders verwacht worden van iets dat uit de PvdA-beerput komt?

Als politici betrapt worden op dit soort onsmakelijke praktijken, dan doen fysiotherapeuten gouden zaken. De niet betrapte politici melden zich allemaal aan voor een behandeling ter bestrijding van een stijve nek door het nadrukkelijk een andere kant opkijken. Een enkeling hangt de populaire politicus of politica (zoals Nepperus van de VVD) uit en verzoekt de politieke schelm om dat geld terug te geven. Kortom, de buit terug te geven zonder dat er enige bestraffing volgt. De Volkspartij voor Vlessetrekkerij en Diefstal komt weer eens met het krakerige integriteitverhaaltje en geen enkele politicus, van welke partij ook, dient het enige wetsvoorstel dat aan die schandelijke praktijken een eind kan maken. En dat is een wetsvoorstel ter afschaffing van parlementaire immuniteit en het invoeren van een bekwaamheidstest voor politici die een beleidsfunctie wensen.

Tenslotte is dit ambtshalve vervolgbare verduistering van gemeenschapsgelden met als medeplichtigen een burgemeester en zijn wethouders.

De door het geval Ruifrok in het voetlicht gekomen politieke zwendel met verspilling van gemeenschapsgeld is niet goed voor het Nederlandse volk. Het is moraalondermijnend en niet meer dan een ordinaire greep te eigen bate in de schatkist.

Zijne Majesteit zal daar ongetwijfeld aan denken als hij terugdenkt aan die gedenkwaardige 30 April 2013 en de door hem afgelegde eed.

De Kalkpot

POLDERJIHADISTEN

. . .dat Hij een aantal opgedrongen onderdanen heeft die nauwelijks enige voeling hebben met de Nederlandse natie? Die een religie aanhangen die zichzelf als de enige ware religie ziet? Die eenieder, dus ook Zijne Majesteit, als heiden beschouwen die deze religie niet als de enige ware accepteert? Die diegenen, die deze religie de rug toekeren, met de dood bestraft? Die elk kind, geboren uit een vrouw die deze religie aanhangt, automatisch tot aanhanger van deze religie verklaart? Die elk kind lichamelijk verminkt door het te besnijden voordat het de jaren des onderscheids heeft bereikt waarop het die beslissing zelf kan nemen? Die de westerse samenleving, dus ook die van Zijne Majesteits koninkrijk, als verwerpelijk beschouwt?

De volgelingen van deze religie vervallen in een onaangenaam groot aantal gevallen tot de mening dat er voor de verspreiding van deze religie en het invoeren van de rechtspleging, gebaseerd op deze religie, een heilige oorlog gevoerd moet worden. Diegenen die deze oorlog voeren worden aangeduid als Jihadisten.

Zijne Majesteits ongelukkige ex-onderdaan, als hij zichzelf al als zodanig beschouwde, met de naam Saddek Sba heeft als Jihadist moeten ondervinden dat martelaarschap op een bijzonder onprettige wijze verworven kan worden. Volgens de website De Ware Religie moet dat eindigen dan op zodanige wijze geschied zijn dat de foto's ervan niet bepaald voor publicatie geschikt waren. Aangezien hij de vijfde Nederlandse Jihadist was die zich in Syrië het martelaarschap op de hals haalde, mogen we ons afvragen hoe Assads soldaten die vier anderen hebben gemold.

Dat er, zoals reeds opgemerkt, veel meer van Zijne Majesteits onderdanen menen dat er een Jihad moet worden gevoerd mag blijken uit een manifest, getiteld De Banier, dat te vinden is op de Facebookpagina van Syriestrijders. Daarin wordt de verwerpelijkheid van het kapitalisme (hallo VVD'ers, bent U er nog?) breed uitgemeten, gesteld dat de Islamitische wetgeving in de hele wereld moet worden ingevoerd, Moslims worden opgeroepen om deel te nemen aan de Jihad en terzijde wordt gesproken over aanvallen op westerse (hallo Hollanders, zijn jullie er nog?) doelen.

Deze Polderjihadi's, zoals ze genoemd worden, zijn zeker geen aanhangers van het Poldermodel van Dhr. Kok en er zijn redenen om aan te nemen dat, als ze dat model al kenden, er niets van zouden hebben willen weten.

De meer dan honderd andere Polderjihadi's trouwens ook niet die thans in Syrië strijden. En dat is ook goed voor te stellen. Men moet er toch niet aan denken dat Nederlandse jongens, vechtend voor de in hun ogen goede zaak, de gevangengenomen Syrische soldaten zouden martelen door hen te dwingen het misleidende en slappe gezwets a la Wim Kok aan te moeten horen? Dat is minstens zo erg als wat de Amerikaanse soldaten in Irak deden door keihard gespeelde westerse muziek ten gehore van hun gevangenen te brengen. Als Assads soldaten zouden mogen kiezen tussen onthoofding of standrechtelijke executie en de tactiek van het Poldermodel, dan mag ik aannemen dat ze voor een van de eerste twee opties kozen. Het gebruik van het Poldermodel zou zelfs Herr Himmler verontwaardigd van de hand hebben gewezen.

Toch werpt de gang van zaken een aantal vragen op waarvan de eerste noodgedwongen en helaas hypothetisch moet zijn: Wordt het geen tijd om Dhr. Kok wegens het schenden van de mensenrechten ter verantwoording te roepen wegens het martelen van de Nederlandse gemeenschap door middel van het Poldermodel?

Krijgen de in lijkenzakken terugkerende Polderjihadisten in Nederland een behoorlijke staatsbegrafenis met militaire eer? Komen de bij hun strijd invalide geraakte Polderjihadisten in aanmerking voor een Militair Invaliditeitspensioen en komt hun verzorging ten laste van de Zorgverzekering?

Een andere rij vragen, mogelijk minder hypothetisch, is de volgende:

Wie betaalt de reis naar Syrië? Wordt dit door de Islamitische gemeenschap in Nederland gedaan of zijn het, naast hun moskeebezoek, harde werkers die het geld daarvoor d.m.v. arbeid ten nutte van de Nederlandse economie bij elkaar verdienen?

Wie werft deze Polderjihadisten aan. Gebeurt dit in moskeeën of in islamitische gezelligheidsverenigingen?

Wie betaalt deze Polderjihadisten? Tenslotte moeten de jongens wel verzorging hebben gedurende hun verblijf in het strijdland van hun keuze?

Wordt door hun strijdbare Islamitische werkgever sociale premies, AOW-bijdragen en loonbelasting afgedragen aan de Nederlandse staat?

Is bekend naar welke landen, behalve het bekende Syrië, deze Jihadisten vertrekken om er voor hun overtuiging te vechten?

Maken ze daarbij gebruik van Nederlandse reisdocumenten?

Is het mogelijk dat Zijne Majesteits strijdkrachten tevens een opleidingsmogelijkheid voor deze Jihadisten biedt omdat ze kort voor het beëindigen van de opleiding alsnog hun contract kunnen verbreken maar wel al volledig wapenvaardig zijn?

Bestaat de mogelijkheid dat het contingent van uw strijdkrachten dat binnenkort naar Mali vertrekt teneinde daar de 'ogen' van de VN missie aldaar te zijn (zoals de Minister van Defensie zo vlotjes haar motivatie om in die uitzending te bewilligen uitte), zich geplaatst ziet tegenover Polderjihadisten en daar bij gevangenneming hetzelfde lot onder gaan als door opstandelingen in Irak gevangengenomen Amerikaanse soldaten?

Zal de militaire leiding van dit contingent na korte tijd gedwongen zijn om aan hun ondergeschikten te adviseren zich nooit gevangen te laten nemen door Jihadisten omdat ze onveranderlijk doodgemarteld zullen worden?
Hierbij moet ik dan noodgedwongen de tere zieltjes van de lezers van NO kwetsen door de volgende beschrijving:
De weinige Amerikaanse soldaten die, zowel in Irak als in Afghanistan, zich noodgedwongen overgaven aan Soenni-opstandelingen in Irak en Taliban in Afghanistan, werden later onveranderlijk teruggevonden met uitgestoken ogen, afgesneden geslachtsdelen, sporen van marteling over hun hele lichaam, wat alles bij levende lijve gebeurde, waarna hun keel werd doorgesneden.
De laatste slachtoffers van dit onmilitaire gebruik waren, reeds jaren geleden, twee Amerikaanse helikopterpiloten in Irak waarvan de lichamen in de Tigris werden teruggevonden. Daarna liet geen Amerikaanse soldaat zich ooit nog gevangen nemen.
Voor nadere informatie kan uw minister zich wenden tot:
Mr. Chuck Hagel
The Pentagon
1400 Pentagon Pedestrian Tunnel

Washington, DC 20301
United States of America

Zal Dhr. Rutte als Eerste Minister van Uw regering, bekend van zijn grote hand die hij in 2010 figuurlijk voor de mond van Hare Majesteit hield teneinde haar kersttoespraak te censureren, zich echter niet moeten afvragen of de Nederlandse gemeenschap wel wil dat vanuit haar samenleving het equivalent van een Kruistocht, zij het in dit geval een Rode Halve Maantocht, wordt gevoerd?
De mogelijkheid bestaat dus dat Dhr. Rutte zich zeer binnenkort vervoegd bij de vele Nederlandse politici die, overigens om andere redenen, in behandeling zijn bij de lokale fysiotherapeut ter bestrijding van een hardnekkige stijve nek, ontstaan door het stug een andere kant op te kijken.

De mogelijkheid bestaat ook dat Dhr. Rutte, evenals alle andere bewindslieden, niets voelen voor de status van doel als onderwerp van jihadistisch ongenoegen. Dit evenals de staande en zittende magistratuur die veel te lage of in het geheel geen straffen eist en uitspreekt in rechtszaken waar het de geloofsgenoten van Polderjihadisten betreft.
Maar misschien wordt hij dit toch wel als exponent van de, en daar hebben deze Polderjihadisten zeker gelijk in, totaal verworden globale kapitalistisch politieke waanzin.

Ten laatste mag Zijne Majesteit zich het volgende afvragen:
Als Polderjihadisten naar Nederland terugkeren en verklaren dat ze in Syrië of elders humanitair werk hebben verricht, worden ze zoals blijkt uit een al bestaand precedent niet vervolgd en wordt hen de Nederlandse nationaliteit niet afgenomen. Dit impliceert dat ze, als ze terugkeren als

invalide, recht hebben op een invaliditeitsuitkering. En dit zonder beperking.

Er lopen thans Nederlandse ex-militairen rond die na uitzending naar een der oorlogsgebieden in het kader van vredesmissies lijden aan een Post Traumatisch Stress Syndroom (PTSS). Een van deze mannen spande via een bekende rechtsgeleerde een proces tegen de Nederlandse Staat aan voor het toegewezen krijgen van een schadevergoeding. De man mocht 10 jaar procederen voor hij succes had. Zijne Majesteits Minister van Defensie verklaarde daarna onmiddellijk dat de uitkomst van het proces geen reden was om de andere PTSS-slachtoffers eenzelfde vergoeding te geven. Elk geval zou apart worden beoordeeld. Dus elk PTSS-slachtoffer mag aan een eindeloze procesvoering beginnen en bij eventueel succes mag de uitspraak van het ter zake bevoegde rechtscollege op zijn grafsteen gebeiteld worden.

Misschien vindt Zijne Majesteit het, met mij en vele anderen, dat er een zekere discrepantie bestaat tussen de behandeling die terugkerende Jihadisten ondervinden en die, welke Zijne Majesteits landsknechten thans ervaren.

Zijne majesteit zal daar zeker aan denken, als hij terugdenkt aan die gedenkwaardige 30 April 2013 en de door hem afgelegde eed.

De Kalkpot

RECHTERLIJKE KROMSPRAAK

. . .de Raad voor de Rechtspraak zich ernstig zorgen maakt over het welzijn van terroristen. De mogelijkheid zou, indien de Rijkswet op het Nederlanderschap gewijzigd wordt, bestaan dat terroristen die twee nationaliteiten bezitten waarvan één uiteraard de Nederlandse is, ze onevenredig zwaarder gestraft zullen worden omdat ze naast een normale straf ook hun Nederlanderschap kwijtraken terwijl een terrorist die alleen de Nederlandse nationaliteit bezit, alleen gestraft wordt voor eventueel begane terroristische daden.

De bizarre juridische gedachtekronkels van genoemde Raad mogen aan een nadere beschouwing worden onderworpen.

Volgens de Raad kan de minister van Veiligheid en Justitie een veroordeelde terrorist zijn Nederlandse paspoort nu ook al afnemen. Dit is een redenering die geen hout snijdt. Een terrorist van het soort waar de Raad op doelt, n.l. Jihadisten, treden niet in dienst van de strijdkrachten van een andere natie. Ze zouden alleen veroordeeld kunnen worden wegens gepleegde terroristische daden die ze op eigen initiatief of in religieus verenigingsverband voor gezellig samenzijn plegen. Ze plegen in feite alleen misdrijven die in Nederland strafbaar zijn gesteld als daden van geweld. Doen ze dat in het buitenland, dan is ook alleen het land waar die daden worden gepleegd bevoegd tot strafvervolging. Kan dat land dit niet omdat er nauwelijks nog een centraal gezag bestaat of dit niet voldoende kan uitoefenen, dan kan het Nederlandse gezag nog steeds niet optreden of, als ze dit al probeert, zal ervaren dat de bewijsvoering nauwelijks te verkrijgen is.

Het halfzachte voorbeeld dat de Raad aanhaalt en waarbij twee lieden worden voorgesteld die lid zijn van een terroristische organisatie en Jihadisten aanwerven om elders te vechten, dus zelf geen terreur bedrijven is het slechts mogelijke voorbeeld.

In de jaren '80 deed in Nederland onder dienstplichtigen het fenomeen 'kernwapenweigeraar' opgeldt. Dit betrof dienstplichtigen die wel hun dienstplicht wilden vervullen maar daarbij niets met kernwapens te maken wilden hebben.

Bij de Infanterie beveiligingscompagnieën van het regiment Van Heutsz waren dat de soldaten die speciaal werden opgeleid als kernwapenbeveiligers en de kanonniers van de Afdelingen Veldartillerie waarvan de nummering eindigde op 9, bij de Luchtmacht leden van de crews die eventueel de kernwapens onder de vliegtuigen moesten ophangen en het Luchtmacht Beveiligings Korps en bij het Wapen der Genie de leden van de Pelotons Speciale Opdrachten die tot taak hadden nucleaire mijnen te installeren.

Dat waren uiteraard taken waarbij de soldaten wel erg dicht bij kernwapens opereerden. Hoewel het Ministerie van Defensie officieel afstand nam van de visie dat men kernwapenweigeraar kon worden, gaf het wel de richtlijn dat deze weigeraars niet in aanmerking gebracht moesten worden voor genoemde functies. Maar een kok die kernwapenweigeraar werd omdat hij die soldaten voedde of de chauffeur die hen vervoerde werd daarbij niet in beschouwing genomen. Toch werkten allen, ook diegenen die zelfs in de verste verte nooit iets met kernwapens te maken zouden krijgen, mee aan het doel om die dingen 'afgeleverd', zoals dat zo mooi heet, te krijgen. Moreel gezien droeg elke militair, beroeps of dienstplichtig, een zekere verantwoording voor het eventuele gebruik van kernwapens.

Net zo is een man die Jihadisten werft in het kader van een organisatie evenzeer verantwoordelijk voor wat de door hem geworven Jihadisten elders of in Nederland aan terreur bedrijven. Wettelijk gezien is er echter geen reden om hem zijn Nederlanderschap af te nemen. Zelfs al zou hij er tien nationaliteiten op na houden. Hij zou uitsluitend als medeplichtige aan terreurdaden gestraft kunnen worden. N.l.

als intellectuele dader. (Het verschaffen van gelegenheid, middel en inlichtingen om die daden te doen plegen).

Het schip van De Raad is dus duidelijk even uit het roer gelopen bij haar vrees dat terroristen met dubbele nationaliteit mogelijk zwaarder gestraft zullen worden doordat ze de Nederlandse nationaliteit kwijtraken.

Wat meer zorgen baart is de mogelijkheid dat Nederlandse Jihadisten elders Nederlandse uitgezonden militairen doden, doodmartelen of verminken, daarna naar Nederland terugkeren en nooit gestraft kunnen worden door gebrek aan bewijs en vervolgens hun verminkte slachtoffer of diens ook inmiddels teruggekeerde kameraden tegen het lijf lopen. Een eventuele aangifte is dan slechts het woord van de een tegen de ander en zou waarschijnlijk niet tot strafvervolging leiden. Ook is de kans reëel dat de zaak geseponeerd wordt in het kader van Dhr. Ruttes visie dat dit mogelijk moet zijn om met een sepot in het landsbelang maatschappelijke onrust te voorkomen. Dat die maatschappelijke onrust mogelijk alleen kan bestaan uit een bomauto voor het Binnenhof of bij de keukendeur van Dhr. Rutte speelt dan een belangrijke rol bij die beslissing tot sepot.

De mogelijkheid bestaat natuurlijk ook dat Nederlandse (ex)militairen besluiten om dan maar het recht in eigen hand te nemen en willekeurige Nederlanders met Moslim achtergrond als doel van wraakneming uitkiezen. Dan heeft Nederland een Vietnamees Mi-Lai als probleem of een actie a la US Staff Sergeant Bales die in Afghanistan net iets teveel van zijn kameraden zag vermoorden (eervol sneuvelen kan men het niet echt noemen) en vervolgens een paar Afghaanse gezinnen uitmoordde.

Nog erger zou het zijn dat, wanneer een Polderjihadist gehandicapt terugkeert na *zijn* idee van 'uitzending', verklaart dat hij in het oorlogsgebied humanitair werk verrichtte voor zijn arme geloofsgenoten en daarna zonder moeite een invaliditeitsuitkering krijgt. Daarbij wordt hij dan met alle gemeentelijke zorgen omringd om hen vooral weer te socialiseren en te integreren en worden kosten nog moeite voor dat doel gespaard.

En dat terwijl een Nederlandse militair, die de beelden van verschrikking niet uit zijn hoofd kan krijgen een medaille krijgt, verpakt in een verwijsbrief voor een psychiater. Als hij de waargenomen of ondergane en niet uit zijn geest te bannen gruwel dan in de vorm van een schadevergoeding en/of een Militair Invaliditeit Pensioen (MIP) gecompenseerd wil zien, laat de VVD-Minister van Defensie hem tien jaar juridisch spartelen of, haha, stelt dat de aanvraag voor een MIP te laat is ingediend en er slechts in zeer sporadische uitzonderingsgevallen toch ingewilligd wordt. Maar juist niet in zijn geval.

Blijft dus een situatie waarbij op een terrasje op het Damrak twee mannen zitten, waarbij de een onterecht wel een invaliditeitsuitkering heeft en de ander onterecht niets.

De Minister van Sociale Zaken lacht een keer omdat hij geen bomauto bij zijn keukendeur krijgt en de Minister van Defensie lacht een keer omdat zij haar departement een te betalen schadevergoeding of MIP heeft bespaard.

Dat zijn dan drie gelukkige mensen. Twee Nederlandse ministers en een ex-Polderjihadist.

De Raad voor de Rechtspraak lacht een beetje krom en noemt het Recht.

Zijne Majesteit zal daar ongetwijfeld aan denken als hij terugdenkt aan die gedenkwaardige 30 April 2013 en de door hem afgelegde eed.

De Kalkpot

NABESCHOUWING

Hoewel de gebeurtenissen, beschreven in de columns, slechts een korte periode beschrijven maar toch allemaal op een of andere manier het nieuws in de media haalden, geeft de reactie van het koningshuis te denken. In alle gevallen hadden eerst koningin Beatrix en later koning Willem Alexander hier hun gedachten over moeten laten gaan en tot de vraag komen of dit werkelijk het Nederland is dat hen voor ogen staat. Uit niets bleek enige meningsvorming. Het bracht mij echter tot de vraag of dit koningshuis werkelijk zo dicht bij het volk staat als ze voorgeeft en werkelijk bekommerd is om het welzijn van Nederlanders

Al gedurende het bewind van Koningin Beatrix werd er een Koninklijke trend zichtbaar om het koningshuis dichter bij het Nederlandse volk te situeren. Waar men tijdens het bewind van Koningin Juliana op Koninginnedag nog in groten getale in verenigingsverband naar Paleis Soestdijk trok om die Koninginnedag inhoud te geven, veranderde dat al kort na het aantreden van haar opvolgster. Die ging op bezoek in vooraf aangekondigde steden. Het bracht het koningshuis fysiek inderdaad dichter bij het volk. Maar de vraag of dit werkelijk een blijk was van enige affectie van Koninklijke zijde voor haar onderdanen, kan beantwoord worden met een duidelijk nee. Omgekeerd was dit kennelijk wel het geval en het enthousiasme van de plaatselijke bevolking was tekenend. Waarin het echter wel resulteerde was, dat het tanende vertrouwen van de bevolking in het algemeen weer sterk toenam. Een Koningin die zo dicht bij het volk stond kon daar slechts het beste mee voorhebben. Niets is minder waar. Gedurende haar bewind kregen de opeenvolgende regeringen in toenemende mate meer vrijheid van handelen zonder dat Koningin Beatrix ook maar enige moeite nam, althans voor zover bekend, om het Nederlandse volk te beschermen tegen beslissingen van de opeenvolgende regeringen die allen, zonder uitzondering, schadelijk waren voor de Nederlandse samenleving en gespeend van elke vorm van democratische inspraak. Zelfs ministeriele beslissingen, die geen groepen maar individuen betroffen en waarbij daarna door betrokkene een beroep op het staatshoofd werd gedaan, leverden niet meer op dan nietszeggende of domweg elke verantwoording afwijzende antwoorden.

Vaak wordt door voorstanders van het koningshuis verwezen naar hun kennelijk positieve rol bij de promotie van het begrip Nederland. Dit zowel op economisch als op publicitair gebied. Voor wat betreft het eerste hoeft niemand zich enige illusie te koesteren. De bevolking zelf zal daar nooit iets van merken. Het zijn de bedrijven, holdings en banken, zoals het in het bezit van de Oranjes zijnde Stichting Bewind die hier de vruchten van plukken. Moreel gezien heeft de Koning geen enkele invloed op welk ander staatshoofd dan ook. Net zomin als hij heeft op wat de door hem beëdigde regering doet. En er duidt niets op de wens om wat voor verantwoording dan ook te dragen.

Er bestaat een al eeuwen oud ongeschreven recht van de burger om, als elk rechtsmiddel om Recht te verkrijgen tevergeefs is aangewend, een beroep te doen op de Koning. Daarmee bezat de Koning als ondertekenaar van de wetten de mogelijkheid om, zij het door middel van morele druk, alsnog recht te doen geschieden. Heden ten dage zal iedereen, die ooit een dergelijke interventie van het staatshoofd verlangde, hebben bemerkt dat het antwoord namens de koning altijd als volgt is geformuleerd: De Koning kan niets voor U doen, of woorden van gelijke strekking.

En daarmee is het aloude recht van de burger om een beroep te doen op zijn koninklijk staatshoofd een nutteloze zaak is. Het Kabinet van de Koning geeft duidelijk aan dat aan hem gerichte verzoeken altijd worden verwezen naar de bevoegde autoriteit. Toch wordt daar, behalve in het antwoord aan de betrokken burger, geen ruchtbaarheid aan gegeven. Het zou echter volkomen logisch zijn als de Koning bekend liet maken dat hij geen verzoeken wenst te ontvangen. Dan weet heel de bevolking waar ze aan toe is. De reden waarom dit niet gebeurd ligt voor de hand. Een dergelijke bekendmaking zou afbreuk doen aan de status van het koningschap. Dat als reden wordt aangegeven dat de Grondwet dit voorschrijft, doet aan de autoriteit van de Koning nog veel meer afbreuk. Als gezagsdrager heeft de Koning als staatshoofd daarmee wel afgedaan. Hij heeft dus geen gezag. En daarmee is de hoogste gezagsdrager in feite dus de Premier van Nederland. Maar is dat wel zo? Hij wordt immers beëdigd door de Koning? Die heeft het gezag, lees bevoegdheid, om de Premier en regeringsleden te beëdigen. Vervolgens geeft diezelfde Koning aan dat de Grondwet hem verbiedt om in te grijpen als de door hem beëdigde regering regeert naar willekeur. De eedafname is dus een toneelspel en niet meer dan een farce. De regering kan immers niet van de eed worden ontslagen door de Koning. De regering beroept zich op haar beëdiging door de Koning om Nederland te regeren en is daarmee inderdaad de hoogste gezagsdrager.

De enige autoriteit en gezagsdrager namens het Nederlandse volk om een regering te ontslaan zou dan alleen de Tweede Kamer kunnen zijn door middel van een motie van wantrouwen. Maar wil die Tweede Kamer dat wel? Kennelijk niet.

Sinds de verregaande privatiseringen van veel wat in het recente verleden nutsbedrijven zonder winstoogmerk waren en wetgevingen daartoe moesten worden aangepast, is er een stormloop begonnen op de vele bestuurs- en managersbaantjes die bij die geprivatiseerde bedrijven ontstonden. En wie hengelden naar die overbetaalde banen? Juist. Politici. Het zal duidelijk zijn dat er onder de leden van het gezagsdragende orgaan dat Tweede Kamer heet, weinig animo ontstond om tegen het landelijke partijbeleid in te gaan en daarmee uit te lokken dat men mogelijk niet voor een dergelijke baan in aanmerking kwam. En dat geldt voor alle partijen. Daarmee was de weg geopend naar corrupt stemgedrag in de Kamer, om een der felbegeerde baantjes te bemachtigen. Als volksvertegenwoordiging hebben daarmee de Tweede Kamerleden als autoriteit wel afgedaan. Blijft dan over de regering zelf. Officieel een der drie hoogste gezagsdragers en officieus de enige. En die kan dus niet worden ontslagen door zowel de Tweede Kamer als de Koning. Elk om voor de betrokkenen motiverende redenen.

Deze alibi koning mag zich afvragen waartoe deze gezagsverhoudingen hebben geleid.
Ten eerste is de functie van koning in Nederland verworden tot niets meer dan die van een handtekeningenmachine. En wel onder elke wet die hem voorgelegd wordt. Speelt het Koninklijke geweten hierbij een rol? Nee dus. Ongeacht of een aan de Koning ter ondertekening aangeboden wet 'goed' is voor het Nederlandse volk, tekent hij. En in het verleden zijn voorgangster. Speelt hierbij zijn geweten of speelde het geweten van zijn voorgangster een rol? Gezien het bestaan van wetgeving die de Nederlander dwingt om zorgpremie te betalen aan privéondernemingen met winstoogmerk, waarbij een deel van de premie automatisch in de zakken verdwijnt van begerige afgedankte politici als, met recht zo genoemd, vorstelijke salarissen, bonussen en ontslagvergoedingen, kan de Nederlandse bevolking terecht aannemen dat het geweten van de Koning bij het tekenen van de wet die dit mogelijk maakte geen enkele rol speelt. Dat kan ook alleen betekenen dat het, ondanks zijn uitgebreide staf en zijn mogelijkheid om de betrokken minister om uitleg te vragen, hetzij onwetendheid, hetzij een gebrek aan geweten betreft.

En daarmee is de status van de Koning niet meer dan het alibi van volksvertegenwoordiging en regering, de regering het alibi van volksvertegenwoordiging en Koning en de volksvertegenwoordiging het alibi van Koning en regering. Terecht mag er gesproken worden van een Alibi Koning.

HET KONINGSCHAP IS VOOR DE NEDERLANDSE BEVOLKING VANUIT DE VISIE VAN GOED BESTUUR, HANDHAVING VAN RECHT, GERECHTIGHEID, RECHTVAARDIGHEID EN NATIONALE SOEVEREINITEIT EEN WAARDELOZE EN NUTTELOZE FUNCTIE, BEKLEED DOOR EEN MAN DIE ELKE VERANTWOORDING VOOR WAT MET HET NEDERLANDSE VOLK GEBEURT AFWIJST EN ZOU OP GROND DAARVAN NAAR DE GESCHIEDENIS MOETEN WORDEN VERWEZEN.